建立遊戲治療關係

實用手冊

A Practical Handbook for
Building the Play Therapy Relationship

Maria Giordano

Garry Landreth 著

Leslie Jones

王孟心 王世芬 譯

五南圖書出版公司 印行

A Practical Handbook for
Building the Play Therapy Relationship

Maria Giordano, Garry Landreth, Leslie Jones

Published by agreement with the Rowman & Littlefield Publishing Group through the Chinese Connection Agency, a division of The Yao Enterprise, LLC.

Complex Chinese translation Copyright © 2008 by Wu-Nan Book Inc.

簡　介

　　本書是為了想要在遊戲治療方面以實務取向來學習，或教導建立治療關係基礎技巧的臨床工作者、學生及遊戲治療督導所設計的。每一個技巧都被清楚地定義，並提供了使用這些技巧的例子及理論基礎。練習單元、討論問題、和利用錄影單元自我評估項目，提供了更多的機會來整合這些技巧。

　　本書可以用於諮商心理學、社會工作、諮商員教育、精神護理、密集訓練工作坊等關於兒童及遊戲治療有督導實習課及實驗性質的課程。本書的內容及架構可以和蓋瑞·蘭爵斯所著的《遊戲治療：建立關係的藝術》（2002，第二版）相互參考使用，是很有價值的材料。

　　這裡所呈現的哲學觀及技巧，提供相信治療關係是兒童成長及發展不可或缺的遊戲治療師們一個基礎。雖然這本書強調了六個基本的治療性反應，遊戲治療師需要整合這些反應形成自我風格。在此風格中傳達溫暖、真誠，並精確地溝通及同理地瞭解兒童的感受、關心的事及經驗。透過和兒童一起合作及創造一個支持性及安全的環境，讓兒童覺得更自由的去探索，並促進兒童有自我瞭解、改變及療癒性的感覺、態度及經驗。

　　就發展上而言，兒童無法用像大人一樣的方式來瞭解及表達他們的感覺、關心的事及經驗。遊戲治療為兒童提供了一種方

法，來溝通他們無法以口語表達的感覺及經驗。兒童利用遊戲來表達感覺、需要和渴望，並使用玩具來表達各種不同的感覺。兒童也利用玩具創造表達出像是撫育、權力及控制等需要的情節。以下是兒童如何透過遊戲表達感覺、關心的事及經驗的例子。

例一

一個父母剛剛離婚的兒童，用娃娃家族演出父母復合的情節。

例二

一個兒童在龍捲風來襲時躲在衣櫃中，並且在幾小時後看了有關龍捲風所帶來的影響的新聞報導。這個兒童花了兩個遊戲治療單元為龍捲風來襲做準備、躲起來，並在龍捲風過去後表示鬆了一口氣。

例三

一個四歲兒童的弟弟因嬰兒猝死症死亡，這名兒童在弟弟猝死那晚和他睡在一起。這個四歲兒童進到遊戲室，抓住嬰兒娃娃，坐在他上面並且說：「我殺了他。」這個兒童在接下來的幾個單元中繼續表達憤怒和悲傷。

兒童利用玩具和藝術材料來表達他們自己，並在遊戲中創造影像及隱喻。有時候兒童會要遊戲治療師扮演一個他常常經驗的角色。遊戲治療師可以藉由經歷兒童所呈現的世界，得到對兒童世界更深入的瞭解。

範例

　　一個兒童開始尖叫並對著遊戲治療師吼叫，說：「兒子，我真的很厭煩你如此邋遢。如果你現在不把這些玩具收好，我就把它們全部扔到垃圾桶裡，你永遠都見不到它們了。」這個兒童提供遊戲治療師一個機會去經歷他強烈的無力感，遊戲治療師因此更瞭解這個兒童的世界。

　　這本書提供了遊戲治療的基本原則及基礎技巧的相關資訊。定義、範例、練習和討論問題提供機會來整合這些技巧，並發展出在治療關係中對遊戲治療師角色更深刻的瞭解。

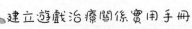

 目 錄

第一章
兒童中心遊戲治療

兒童中心遊戲治療師相信治療關係的重要性，並且將焦點放在和他們一起工作的兒童身上，而不是他們的問題。Virginia Axline（1947）基於Carl Rogers（1942）非指導性治療理論的原則，發展了兒童中心遊戲治療。Axline 形容遊戲治療師是敏感的、接納的，並對於兒童語言和非語言方面所傳達的訊息，有著不變且深刻地賞識。

　　兒童中心遊戲治療師相信兒童有天生朝向獨立自主發展的潛能，而且兒童需要讓他們做自己的「允許性」（permissiveness）和接受性。這種允許性和接受性是從兒童生命中重要的人而來。透過經歷他們覺得被重視、被接納的治療關係，兒童學會接受和重視他們自己（Axline, 1947）。

　　Landreth（2002）說明了協助遊戲治療師在發展一個正向治療關係的六個目標，這六個目標包括：

○建立一個安全的環境。
○瞭解和接納兒童的世界。
○鼓勵兒童情緒方面的表達。
○建立被允許的感覺。
○協助兒童自己做決定。
○提供兒童發展自我負責和自我控制的機會。

遊戲單元的基本原則

1. 兒童應該有完全的自由來決定他要如何來使用這段時間。讓兒童引導而治療師跟隨，同時不作建議或問問題。

2. 治療師的主要任務是強調和兒童在一起，並瞭解兒童行為的動機、想法和感覺。

   強調和兒童在一起如何影響治療關係？

   _____

   _____

   _____

   _____

3. 治療師的下一個任務是用適當的回應來表達對兒童的瞭解。尤其是當兒童正在強烈地經歷某個感覺時，治療師要儘可能地用口語表達兒童的感覺。

   當你還小的時候，大人如何幫助你覺得安全和被瞭解？

   _____

   _____

   _____

   _____

4. 治療師對於少數幾個對兒童所設的「限制」應該要清楚而堅定。

遊戲治療單元的目標

1. 允許兒童透過遊戲媒材來表達想法、需要和感覺。
2. 幫助兒童發展更正向的自我概念、自我接納感、自我尊重感、自我價值感和自信。
3. 幫助兒童發展更多的自我指導、獨立自主、自我負責和自我控制。
4. 協助兒童學習辨認和表達感覺。
5. 幫助兒童發展內在的評價系統，並更能相信自我。

【自我省思】討論你對於遊戲治療如何影響兒童的一生的想法。

_____

_____

_____

_____

_____

_____

_____

_____

_____

　　這本手冊將解說可以用於遊戲治療單元不同種類的治療性反應。當治療師瞭解特定治療性反應的基本原理，治療師就可以辨別何時和如何使用這個反應。

　　雖然語言傳達了有力的訊息，但是表達語言的態度同樣重要。一種互動式和交談式的反應聽起來自然而真誠。治療師的身體姿勢、臉部表情和聲調，也能傳達感興趣、溫暖和對兒童的接納。

　　瞭解治療性反應的基本原理和措辭，並不會產生治療的氣氛。相反地，一份真誠、信任和同理的關係，才是這些「辭彙」可以增強能力和療癒的基礎。

【自我省思】討論你對於遊戲治療如何幫助增強兒童能力的看法。

_____

_____

_____

_____

_____

_____

_____

_____

_____

_____

遊戲治療的基本指導原則

✏ 不要

- ○不要批評任何行為。
- ○不要讚美兒童。
- ○不要問誘導性的問題。
- ○不要允許遊戲治療單元被中斷。
- ○不要給資訊或教導。
- ○不要引發新的行為。
- ○不要被動消極或沉默。

摘自：Louise Guerney 所著之《遊戲治療：父母訓練手冊》（1972）。

【自我省思】討論以上的任兩個指導原則，以及你認為為什麼避免這些特定的行為很重要。

_____

_____

_____

_____

_____

_____

要

○要讓兒童引導。

○要尊敬兒童的力量及鼓勵他們的努力。

○要以跟隨者的角色參與遊戲。

○要有積極的口語反應。

【自我省思】討論讓兒童引導治療過程的益處。

_____

_____

_____

_____

_____

_____

_____

_____

_____

_____

_____

_____

_____

_____

遊戲治療師的反應「應該」傳達

1.「你並不孤單；我在這裡和你在一起。」
2.「我真的聽到／看到你。」
3.「我瞭解你。」
4.「我關心你。」

【自我省思】回想在你的童年時期，曾經傳達一個或多個以上所列訊息的大人。簡短的描述這段關係在你生命中的重要性。

_____

_____

_____

_____

_____

_____

_____

_____

_____

_____

_____

_____

✏️ 遊戲治療師的反應「不應該」表達

1.「我會為你解決問題。」
2.「我要為讓你快樂負責。」
3.「因為我瞭解你,這自動表示我同意你的所作所為。」

【自我省思】挑兩個上述所說的遊戲治療師應該要避免表達的訊息來討論。遊戲治療師可能會如何向兒童表達這些訊息?

_____

_____

_____

_____

_____

_____

_____

_____

_____

_____

_____

_____

_____

_____

_____

第二章
遊戲治療室與玩具

🖊 遊戲治療室的地點

選一個兒童最不會打擾到其他個案或工作人員的地點。

🖍 遊戲治療室的大小（12*15英呎）

房間需要夠大到讓兒童在裡面可以舒適地移動；而且又夠小到遊戲治療師可以和兒童在一起，不需持續性地到處跟著兒童。

150到200平方英呎大小的房間，可提供三個兒童在團體遊戲治療中足夠的空間。如果多於三個兒童，這個空間就不適宜。在團體的過程中，兒童有時候需要時間在心理上做些整理，單獨自己玩不受干擾。

🖊 遊戲治療室的特徵

○ **地板**：選擇耐用堅固並容易清理的地板，例如拼裝塑膠地板。避免使用地毯，因為清理困難。如果你唯一可用空間的地板已舖地毯，在沙箱及畫板附近舖上一大塊塑膠布。

○ **牆**：用耐久及可洗式的塗料將牆漆成米白色（off-white）。避免太暗、太鮮明，或是太沉重的顏色。

○ **水槽**：建議設置有冷水開關的水槽。將水槽下控制熱水的閥門關掉，並只將冷水閥門半開，這樣兒童就可以將水龍頭全開，但不會將水濺得到處都是。

○ **櫃子**：兩面牆需要有櫃子來放置玩具及器材。櫃子必須堅固並且固定在牆上，以確保兒童的安全。最高層的櫃子不應該超過38英吋，這樣較小的兒童不需要幫忙也可以拿到玩具。

（Landreth, 2002）

🖍 玩具及物件

　　兒童使用玩具來表達想法、感覺及經驗。在遊戲治療室裡所提供的玩具，是經過選擇來幫助兒童隱喻式地，或直接地表達他們自己。

　　雖然遊戲室放滿了玩具，需要遊戲治療的兒童並不一定可以自由自在地遊玩。他們很努力地玩、表達感覺，並表達令他們覺得迷惑及不知如何是好等所擔心的事。

　　遊戲治療師協助兒童辨認及表達感覺，並協助兒童發展自尊、自我責任感，及自我控制。不同種類的玩具是經由選擇來幫助兒童表達各種不同的感覺和擔心。

　　以下是兒童可能用來溝通經驗、感覺及需要的基本玩具清單。雖然玩具被歸類為不同的類別，兒童可能可以用一種玩具表達不只一種類別的需要。

　　○ **撫育性玩具**（Nurturing Toys）：嬰兒娃娃、奶瓶、奶嘴、梳子、嬰兒床；醫藥箱、繃帶、白色口罩、醫師服／白袍；烹煮用具、塑膠食物、盤子、湯鍋、平底鍋、爐子。

　　○ **建立能力的玩具**（Competency Toys）：積木、創造性建築玩具（Tinker toys）、套圈圈、保齡球、籃球框。

　　○ **發洩攻擊的玩具**（Aggressive-Release Toys）：塑膠攻擊性動物（老虎、獅子、鱷魚、蛇），不倒翁拳擊袋、塑膠士兵、培樂多黏土（Play-Doh）（用來弄碎或擠壓）、塑膠刀、軟式子彈槍、手銬。

　　○ **真實生活玩具**（Real-Life Toys）：娃娃屋、娃娃家庭、手偶，包括家人、警察、醫生、護士、動物家族等；玩具錢、

收銀機、清潔用具（掃把、簸箕、抹布、拖把）；運輸工具
（車子、卡車、飛機、船、校車、救護車、救火車、直昇
機）。

○ **想像性／戲劇性玩具**（Fantasy/Dress Up）：帽子／救火員
帽、警察帽（包括帽子和警徽）、水手帽、小丑帽；服裝／
領帶、外套、鞋子、皮包、珠寶、女裝；面具／獨行俠面
具、眼罩、太陽眼鏡。

○ **創造性表達及情緒發洩的玩具**（Creative Expression and
Emotional Release）：沙、水、積木、畫架和顏料、蠟筆、彩
色筆、膠水、鈍頭剪刀、膠帶、冰棒棍、絨毛鐵絲條（pipe
cleaners）、培樂多黏土。

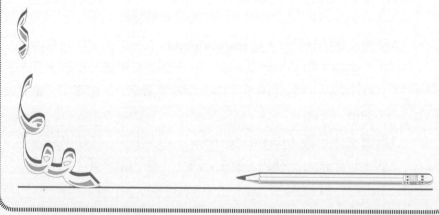
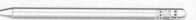

✏️ 設計和布置遊戲治療室

下圖為北德州大學遊戲治療室的大致設計。

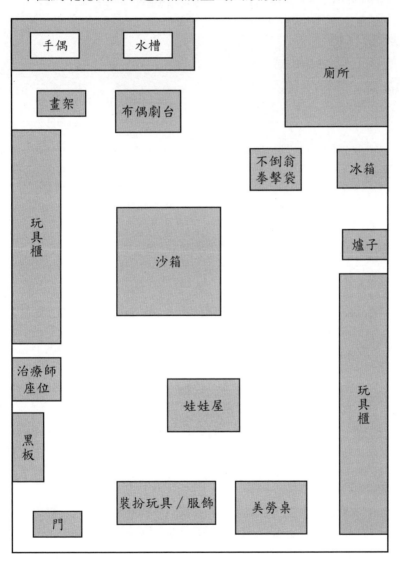

玩具需要以一致性的原則來擺置，這樣兒童每週回來時，才可以在熟悉的地方找到玩具。

　　你會如何將下列的玩具放在遊戲室的玩具櫃上？

🖍 玩具櫃 A

頂層架：

_____

_____

中層架：

_____

_____

底層架：

_____

_____

地板上：

_____

_____

　　飛機、蛇、雷射槍、吸鐵、船、繩子、車子、北極熊、可騎乘的玩具（Riding Toy）、恐龍、機關槍、手銬／鑰匙、猩猩、創造性建築玩具（Tinkertoys）、可彎式娃娃、斑馬、獅子／老虎、水泥車、有電池的手電筒、校車、直昇機、積木拉車（Block Wagon）、挖土機（Front-end Loader）、農車、大象、軟式子彈槍、鯊魚、短吻鱷魚、人、鱷魚、牛、卡車（Dump Truck）、馬、豬、平地機（Road Grader）、綿羊、刀、牽引機、劍、狗。

你會如何將下列的玩具放在遊戲室的玩具櫃上？

玩具櫃 B

頂層架：

_____

_____

中層架：

_____

_____

底層架：

_____

_____

地板上：

_____

_____

皇冠、嬰兒床、鼓、電話（兩支）、可擠壓的塑膠人（Martian Popping Toy）、芭比和肯尼娃娃、熨斗、獨行俠面具、毛毯、鈴鼓、軟質足球、絨毛娃娃、芭比與肯尼娃娃的衣服配件、奶嘴、木琴、紙磚、救火員帽、衛生紙、醫藥箱（聽診器、醫藥用口罩、繃帶、血壓計、注射針筒、檢查眼耳器）、敲擊樂器（Tube Noisemaker）、保齡球組、洋娃娃（各種種族的）、萬花筒、木槌、磁性畫板（Etch a Sketch）、水手帽、奶瓶、草帽、加油絨球（Pom-Pom）、仙女棒、梳子、毛刷、鏡子、塑膠球、摔角玩偶（Wrestler）、軟質球（Nerf ball）、牛仔帽或女牛仔帽、圖畫紙、空蛋盒、鐃鈸。

✏ 擺設布置遊戲治療櫃：玩具櫃 A

頂層架（由左到右）：

綿羊、豬、馬、牛、長頸鹿、斑馬、大象、北極熊、猩猩、獅子／老虎、鯊魚、短吻鱷魚、鱷魚、蛇、恐龍

中層架（由左到右）：

（在溫馴動物之下）校車、人、狗、飛機、可彎式娃娃

（在攻擊性動物之下）機關槍、劍、刀、可發射子彈的槍、雷射槍

底層架（由左到右）：

（在校車之下）直昇機、船、牽引機、車子

（在攻擊性動物之下）手銬／鑰匙、繩子、有電池的手電筒、創造性建築玩具、吸鐵

地板上（由左到右）：

平地機、積木拉車、挖土機、卡車、水泥車、農車、騎乘玩具

飛機、蛇、雷射槍、吸鐵、船、繩子、車子、北極熊、可騎乘的玩具（Riding Toy）、恐龍、機關槍、手銬／鑰匙、猩猩、創造性建築玩具（Tinkertoys）、可彎式娃娃、斑馬、獅子／老虎、水泥車、有電池的手電筒、校車、直昇機、積木拉車（Block Wagon）、挖土機（Front-end Loader）、農車、大象、軟式子彈槍、鯊魚、短吻鱷魚、人、鱷魚、牛、卡車（Dump Truck）、馬、豬、平地機（Road Grader）、綿羊、刀、牽引機、劍、狗、長頸鹿。

✏️ 擺設布置遊戲治療櫃：玩具櫃 B

頂層架（由左到右）：

皇冠、獨行俠面具、仙女棒、加油絨球、救火員帽、水手帽、草帽、牛仔帽或女牛仔帽、衛生紙

中層架（由左到右）：

醫藥箱（打開的，內有聽診器、醫藥用口罩、繃帶、血壓計、檢查眼耳器）、電話（兩支）、熨斗、奶嘴、奶瓶（大的、小的及玩具奶瓶）

底層架（由左到右）：

芭比和肯尼娃娃（各種種族的）、 芭比娃娃與肯尼的衣服配件、絨毛娃娃、梳子、毛刷、鏡子、摔角玩偶、可擠壓的塑膠人、軟質足球、軟質球、保齡球組、塑膠球、美術紙、空蛋盒

地板上（由左到右）：

嬰兒床、洋娃娃（各種種族的）、毛毯、紙磚

皇冠、嬰兒床、鼓、電話（兩支）、可擠壓的塑膠人（Martian Popping Toy）、芭比和肯尼娃娃、熨斗、獨行俠面具、毛毯、鈴鼓、軟質足球、絨毛娃娃、芭比與肯尼娃娃的衣服配件、奶嘴、木琴、紙磚、救火員帽、衛生紙、醫藥箱（聽診器、醫藥用口罩、繃帶、血壓計、注射針筒、檢查眼耳器）、敲擊樂器（Tube Noisemaker）、保齡球組、洋娃娃（各種種族的）、萬花筒、木槌、磁性畫板（Etch a Sketch）、水手帽、奶瓶、草帽、加油絨球（Pom-Pom）、仙女棒、梳子、毛刷、鏡子、塑膠球、摔角玩偶（Wrestler）、軟質球（Nerf Ball）、牛仔帽或女牛仔帽、圖畫紙、空蛋盒、鐃鈸。

✏️ 擺設布置遊戲治療室的其他區域

美勞桌：
水彩、手指畫顏料、封箱膠帶、剪刀、膠水、筆、橡皮筋、透明膠帶、彩色筆、蠟筆、美術用冰棒棍、塑膠黏土、餅乾刀、比薩刀、紙、釘書機、絨毛鐵絲條、吸管

手偶：
短吻鱷魚、狗、龍、獅子、熊、狼、青蛙、老鼠、警察、護士、醫生、家人（各種不同種族）

服裝：
斗篷、皮包（兩個）、項鍊（兩條）、襯衫、女裝、領帶、鞋子、夾克

娃娃屋：
家具：浴室、客廳、臥室、廚房；家族娃娃：五個人（各種不同種族）

畫架：
顏料：褐色、紅色、綠色、黃色、藍色、黑色、白色
畫筆（七支）、畫紙和兩個紙夾、畫用圍兜

黑板：
粉筆：白色和多種顏色；板擦

沙箱：
篩子、湯匙（大）、水桶、鏟子、玩具士兵（放在沙箱外靠近沙箱一角）

✏️ 清掃及廚房用品

冰箱：

麥片空盒、餅乾盒、蘇打粉空盒、熟食、製冰盒、汽水、牛奶、麵包、雞肉、肉、蛋、蔬菜、水果

爐子：

湯鍋（放在爐子上）、平底鍋和蛋、鬆餅罐、蛋糕烤盤、茶壺（兩個）

服裝：

斗篷、皮包（兩個）、項鍊（兩條）、襯衫、女裝、領帶、鞋子、夾克

盤架：

盤子、碗、杯子、刀叉、漏斗、過濾器、攪拌器

使用表達攻擊性玩具的相關議題

在某些學校或機構，也許不允許使用某些攻擊性的玩具。通常是因為在這些場所的成人，擔心讓兒童用軟式子彈槍、塑膠刀和玩具機關槍玩出攻擊行為，會使兒童對暴力麻木。暴力在電影裡和電玩中出現卻不必為暴力負責任的文化中，讓人擔心暴力性的遊戲強化暴力是表達憤怒及攻擊性的適當方式的概念。

✎ 在遊戲室的不同

1. 遊戲治療師會設限。「人不是用來打的、傷害的、射的等等」。
2. 兒童學會使用非生物的物件來表達憤怒，最終就會學到用語言表達憤怒。
3. 有些兒童因攻擊行為的問題而被父母帶來做遊戲治療，他們的父母指出兒童接受遊戲治療後在遊戲室以外的攻擊行為有減少。治療師幫助兒童辨認生氣及挫折的感覺，治療師也幫助兒童在不傷害自己及治療師，以及不破壞玩具和遊戲室的狀況下表達攻擊性。兒童最後會學到辨認生氣的感覺及攻擊性，並且以口語表達它們。因此，治療過程幫助兒童用非暴力的方式表達憤怒。

第三章
第一次遊戲治療單元前

✐ 為父母準備相關資料

一、知後同意書

在父母諮詢時，讓父母簽兩份「知後同意書」。一份讓父母留存作為保存紀錄，另一份則放在個案的檔案中。

二、專業人員背景資料告知表（professional disclosure）

準備兩份你的「專業人員背景資料告知表」，在父母諮詢時讓父母簽名。一份讓父母留存作為保存紀錄，另一份則放在個案的檔案中。

三、評量表

父母雙方、老師及其他兒童生命中的重要他人，皆會觀察並經驗到兒童不同的長處及困難。老師會驚訝地發現，一個守規矩且和同學相處良好的兒童，在家中卻難以遵從父母的教導。兒童的行為會因在不同的環境中，以及和不同的大人相處而有改變。因此，瞭解父母及老師對這個兒童的看法會有所助益。

四、離婚協議書／兒童監護權相關文件

如果父母離婚了，則要留存一份離婚協議書／兒童監護權相關文件的檔案。相關資料應由被法院指定為「監護人」（managing conservator）的那位家長簽名。

✐ 其他第一次父母諮詢所需要的資訊

1. 向父母介紹遊戲治療的小冊（可透過美國遊戲治療協會取得）。

2.孩子的第一本遊戲治療書（譯者注：陳碧玲、陳信昭合譯，五南出版）。

3.經父母交給兒童的預約卡。

🖍 第一次父母諮詢的目標

1.和父母發展正向良好的關係。

2.瞭解是什麼原因促使這個家長來尋求幫助，和他們帶兒童來做遊戲治療的期望。

3.多瞭解這個兒童。

4.完成行政方面的文件資料。

5.教育家長瞭解遊戲治療。

【自我省思】描述你如何協助完成第一次的父母諮詢。並達成這五個目標。

_____

_____

_____

_____

_____

_____

_____

_____

第一次與家長或監護人的會晤

以下的討論大綱項目,是為了讓遊戲治療師更能瞭解兒童、家長及其家庭所設計的。

主要關切的事 發生了什麼事讓你決定帶你的孩子來做遊戲治療?(什麼時候開始的、頻率,一天中的什麼時刻、什麼地方?)

嘗試過的解決方式 你試過哪些方式?

改　　變 你帶孩子來做諮商是希望有什麼樣的改變?

關　　係 孩子與父母雙方/照顧者之間的關係(如果父母離婚了,瞭解另一方探視的狀況、探視進行的狀況、父母間的關係狀況。)

手足/老師/其他成人

同儕(是和同齡、比較大、或比較小的小孩玩;屬於領導者、跟隨者、獨行者。)

兒童的早期經驗 疾病、意外、生活壓力(失落——人、寵物、父母離婚、學校方面的改變、搬家。)

諮商經驗 你的孩子以前接受過諮商嗎?(和誰、為什麼開始、長度、效果)(如果是,要求家長簽同意書讓諮商師可以拿到以前的紀錄。)

服用藥物 你的孩子正在服用藥物嗎?

就學狀況　孩子對上學的態度；家長對老師及孩子的學習狀況的觀感。

諮　　商　如果家長心理壓力很大，並討論了很多個人議題，提供個人諮商、父母諮詢或親子遊戲治療等資源。

書面資料　「家長與孩子需要知道的事」、「孩子的第一本遊戲治療書」。

一　致　性　討論持續帶孩子來做遊戲治療的重要性。當兒童有固定生活作息，及有能力可以預測生活中會發生的事，兒童會覺得比較有安全感。

第一次會晤

○ 討論你將如何迎接孩子。向父母解釋不要在孩子面前討論孩子此原則的重要性。如果父母希望討論他們對孩子的擔心，或孩子最近的經驗，要求父母在遊戲治療單元前打電話給你，並建議家長確認他的孩子不會聽到電話中的談話。

○ 要求父母在遊戲治療單元開始前帶孩子去上廁所。

○ 規律地和家長晤談（至少每兩週一次）。討論孩子在家及在學校的情況。提供關於兒童成長的一般性訊息。和孩子的家長維持支持性及合作性的關係是很重要的，因為遊戲治療師對保密的關切，父母常會覺得和治療過程有所隔閡。

○ 當家長參與時，應維持及重視保密性。

保　　密	給家長回饋時舉例子。（孩子也許會要求我幫他做所有的事，你在家也觀察到這樣的行為嗎？）
禮　　物	和家長說明不收禮物。
費　　用	討論收費金額，及你在治療單元後的收費方式。
初談資料	讓家長閱讀並簽名的資料：知後同意書及專業人員背景資料告知表。回答這些表格的相關問題。
資料表格的完成	告訴家長「評量表格是很重要的，讓我們可以更瞭解你的孩子。請填完它們並且在我下週見你的小孩前帶來」。
參　　觀遊戲室	解釋為什麼治療師使用遊戲媒材。（認知發展的理由，即兒童無法像成人一樣，以口語清楚表達感覺及想法；他們是使用玩具來處理情緒及表達所關心的事。）

第四章
遊戲治療單元
的結構化

✏ 在等待室

1.在遊戲治療單元前讓兒童使用洗手間。

2.在等待室遇到孩子時說：

「我們現在可以去遊戲室了。」

○不要問孩子：「你現在要不要去遊戲室？」

○這個問題不正確地暗示孩子有選擇。

✏ 單元開始時

「艾力克，這是我們的遊戲室，在這裡，你可以用許多你想要的方式來玩這些玩具。」

○「你可以用任何你要的方式來玩這些玩具」這種說法並不正確，因為在遊戲室是有限制的。

【自我省思】簡單地描述你會如何將自己介紹給兒童，以及在第一次遊戲單元時你會使用的開場白。

_____

_____

_____

_____

_____

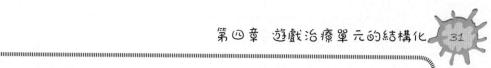

結束單元

1.「艾力克，我們今天還有五分鐘待在遊戲室的時間。」

2.如果艾力克玩得很投入，說：「艾力克，我們今天還剩下
　一分鐘待在遊戲室的時間。」

3.「艾力克，我們今天的時間到了。現在是去等候室找媽媽
　的時候。」（遊戲治療師站起來並走向門口）

4.如果孩子不想要離開遊戲室，說：「艾力克，我知道你真
　的很想要待在這裡，可是我們今天的時間已經到了。你可
　以下星期再來遊戲室。」

○可能會花孩子幾分鐘來離開遊戲室。如果有需要，就重複
　幾次結束時的提醒語。每次都用更堅定的語氣並慢慢地走
　向門口。

○一旦你說「今天的時間到了。」就不要再做指出行為／追
　蹤行為或其他強調遊玩內容的治療性反應。這類的反應聚
　焦在兒童現在的行為，鼓勵他們繼續玩，而並沒有增強現
　在是兒童離開遊戲室的時間這個訊息。

創造一個治療的環境

前傾且開放的身體姿勢

治療師想要為兒童創造一個溫暖且接納的環境。治療師的非語言行為影響兒童對治療師可接近性及開放性的看法。治療師用向前傾及開放的身體姿勢，來傳達對兒童世界的關心與興趣。

放鬆與舒適

一個放鬆且覺得舒服的治療師，將會是鎮定並且是情緒上較敏感接納的。生活在壓力環境下的孩子，可能較容易去接近一個放鬆、舒服且有撫育性的治療師。

顯示出對兒童有興趣

對兒童的興趣可以藉由非口語及口語方式傳達。治療師的身體姿勢、面部表情和精確的同理心反應，顯示出其對兒童世界的真誠興趣。

【自我省思】討論你有哪些個人特質及長處，將會幫助你創造一個治療性環境。

_____

_____

傳達對兒童世界的瞭解

- ○ 一個真誠且努力瞭解兒童觀點的治療師，會傳達想要瞭解「兒童世界」的渴望。
- ○ 精確的反映通常能傳達對兒童世界的瞭解。透過創造一個真誠關心及同理的心理氣氛，也可以傳達這樣的瞭解。
- ○ 治療師一般性的態度及開放性，傳達出治療師與兒童是契合的。一個使用接納性的語調及身體語言的治療師，展現了想要瞭解並和兒童建立關係的渴望。

【自我省思】用你自己的話語描述你將如何傳達你對你個案世界／世界觀、感覺及經驗的瞭解。

_____

_____

_____

_____

_____

_____

_____

_____

_____

協助兒童瞭解自己

什麼是協助兒童瞭解自己？

　　治療師利用做出特定的反應，例如反映情緒，來協助兒童發展更好的自我覺察。透過增加對個人感覺的察覺，兒童對自己的情緒狀況有更多的瞭解。再者，指出兒童能力的反應，幫助兒童獲得對個人長處及能力更清楚的瞭解。

兩種協助瞭解自我的治療性反應

反映感覺

　　精確反映感覺幫助兒童對自己有更深的瞭解。兒童學會辨認及傳達自己的感覺給他人。

　　例如：有時候你覺得很孤單。

　　列出五個反映感覺的例子：

1. _____

2. _____

3. _____

4. _____

5. _____

🖍 建立自尊的表達方式

　　建立自尊的表達幫助兒童發現自我的能力，並且獲得對自己優點更深的瞭解。

　　例如：你想出辦法把這些東西放在一起。

　　孩子聽到一個他自己可以獨立完成這個任務的訊息。這種訊息幫助兒童辨認及知曉自己正向的特質及能力。

　　列出五個建立自尊表達方式的例子：

1. _____

2. _____

3. _____

4. _____

5. _____

　　這兩個治療性反應將會在後面的章節有更詳細的介紹。

第五章
指認非口語行為
（追蹤行為）

什麼是指認非口語行為？

治療師對兒童的行動及非口語的遊戲做反應。治療師描述他所看到和觀察到的兒童的作為。

範 例

○你正在推那個（車子）穿過那裡。
○你正在把很多的沙放到那個（桶子）裡面。
○你正在踢那個（拳擊娃娃）。

※注意：除非孩子指出來，治療師不要指出物件的名稱。

為什麼要指認非口語行為？

當兒童提供很少或沒有提供口語內容讓治療師反應，也沒有表達任何特別的情緒時，口語追蹤兒童的行為幫助兒童覺得你是對他們的世界有興趣的，你關心他們的世界，並很努力要瞭解他們的世界。

不要指認玩具名稱的理由

當遊戲治療師依照一個成人的角度來指出玩具的名稱和兒童的行為，他可能會有不正確的假設及反應。

例如：如果一個兒童推著一塊積木到沙裡，而治療師反應著說：「你正推著一塊積木，把它推到沙子裡很深的地方。」然而這個孩子可能假裝那個積木是推土機、太空船、或是一個動物。

避免指出物件名稱的反應：「你正在把那個推進沙裡。」

○當遊戲治療師不正確地指出玩具的名稱，有些兒童會糾正治療師，然而有些卻不會。如果遊戲治療師不正確地指出玩具的名稱，兒童可能會覺得不太被治療師所瞭解。

○不指出玩具的名稱能創造出一個鼓勵兒童發揮創造力，有較高許可性的環境。兒童也許會覺得可以更自由地用其他非傳統的方式來使用玩具。使用非特定性的字詞來指稱玩具，例如他們、那個、那些、那裡。

指認非口語行為——適當頻率的反應

一、反應頻率太少

如果治療師在孩子玩的時候是沉默的，孩子會開始覺得被監視或是治療師對孩子不感興趣。相對的，治療師要兒童覺得治療師是投身其遊戲中的。

這和在與一個成人交談是類似的。成人知道當一個人傾聽並在口語上有所回應時，這個人是關心他們，並聽見他們所說的。同樣地，遊戲治療師用耳朵及眼睛來傾聽，並將所聽到及所看到的口語化。

二、反應頻率太多

如果治療師太頻繁地指認非口語的行為，治療師可能會聽起來像是提供每一個細節動作的運動節目播報員。

這樣的播報方式聽起來不真誠，也沒有口語的互動。兒童可能會覺得這些描述太過打擾他。反應需要用一種真誠和口語互動性的方式來表達。

✏️ 指認非口語行為——將反應個人化

以「你正在」開始反應。這讓訊息個人化並且將焦點放在兒童而不是玩具身上，它也提升了兒童是控制者的感覺。

✏️ 範 例

兒童正在玩他之前就已經指出來是一部車的車子，並且開著它繞著大圈圈。

✏️ 聚焦在兒童身上（幫助兒童覺得有力量）

你正在開著那部車繞圈圈。

✏️ 聚焦在玩具上（非個人化的訊息；並無法幫助兒童覺得重要或有力量）

○ **那個車子**正在繞圈圈。
○ 在第一次遊戲治療單元中，治療師可能會說得較多並更常指認非口語行為，來幫助兒童減輕焦慮不安。
○ 如果兒童非常投入其遊戲中，可以減少反應頻率。

📖**問題討論**

當遊戲治療師真誠地並有效地指認兒童的非口語行為時，兒童經歷了什麼？這個兒童會有什麼感覺？

練習指認非口語行為

1.孩子用紙磚建了一個高塔並將它們推倒。

反應： 你正在 _____

2.孩子在梳嬰兒娃娃的頭髮。

反應： _____

3.孩子將架上的東西都掃下來重新整理玩具。

反應： _____

4.孩子將救火員帽子戴上又脫掉，再戴上警察鋼盔；孩子再脫下這頂帽子，戴上一頂皇冠。

反應： _____

5.孩子安靜地畫著有房子、太陽、及樹的景象。然後他用黑色的顏料將整幅圖畫塗掉。

反應： _____

6.小孩將聽診器從醫藥箱中拿出來，聽她自己的心臟。

反應： _____

7.小孩打開收銀機並安靜地數錢。他將錢放回收銀機的抽屜，並關上抽屜。

反應： _____

📖**檢視錄影並省思**

● 檢視你自己遊戲治療單元的錄影。仔細聽指認非口語行為的反應。你會想增加或減少在這單元的某一部分的反應頻率嗎？

● 你的反應是真誠和有口語互動性的嗎？

● 如果你需要增加反應頻率，挑選八個你沒有指認非口語行為反應的機會。

● 描述這些遊戲行為，並寫下反應。

● 你有什麼使用這個技巧相關的問題？

無效及有效指認非口語行為的例子

背景資訊

　　一個四歲的男孩因為分離焦慮，被他媽媽帶來做遊戲治療。媽媽表示在家時只要她一離開房間，她的兒子就哭。而且只有媽媽能安慰他。她進一步表示，他遇到不太熟的人就變得很安靜，而且即使是家人，他也時常有覺得難以親近（warming up）的問題。她表示他總是很黏她，而且不太想要在幾個月後有新弟妹。

遊戲治療單元摘要

指認非口語行為

孩　子　（進入遊戲室沒有說話，到處看看玩具並從表情上看出有些緊張。）

治療師　你今天想玩什麼？

評　論　治療師開始就問問題，剝奪了孩子的主導權。治療師假設孩子想玩，而且也發出一個治療師期望孩子在遊戲室玩玩具的訊息。相反地，治療師要傳達一個訊息是，在遊戲時間無論孩子決定如何做，都是可被接受的。治療師想要允許孩子引導遊戲時間的方向，而不是控制這些活動。

　　　　此外，治療師沒有反應孩子的感覺。治療師利用反應孩子的感覺和非口語的行為來傳達，在遊戲時間她們在心理上是和孩子在一起的，並允許孩子表達他們的感覺和想法。

更正的反應

小　孩　（進入遊戲室沒有說話，到處看看玩具並從表情上看出
　　　　有些緊張。）

治療師　你不太確定來這裡要做什麼，你正在看看這間房間裡面
　　　　所有的東西。

評　論　一個不太活躍的孩子對於新手遊戲治療師而言可能會有
　　　　困難，因為他們假設所有的兒童在遊戲室裡都會想要
　　　　玩。治療師利用反應他們所觀察到的行為和行動，讓孩
　　　　子知道他們是在這裡且全神貫注在孩子身上。

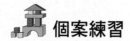 **個案練習**

✏ 寫下治療師指認兒童非口語行為的反應

　　在你寫下對每個狀況的反應後，翻到下一頁，比較你的反應
和治療師應如何反應的建議。在你寫下你的反應前，儘量不要去
看治療師應如何反應的建議。

小　孩　（推著卡車穿過沙箱）嗚嗚嗚……

治療師 ＿＿＿＿＿＿＿＿＿＿＿＿＿＿＿＿＿＿＿＿＿＿＿＿＿

小　孩　（挖起沙把它放到卡車後面）

治療師 ＿＿＿＿＿＿＿＿＿＿＿＿＿＿＿＿＿＿＿＿＿＿＿＿＿

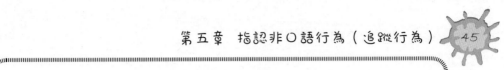

小　孩 （把卡車推回到沙箱的另一邊；倒掉沙子。）

治療師 _____

小　孩 （站起來到處看看房間四周）

治療師 _____

小　孩 （拿起飛機把它丟在沙箱裡，開始找更多的玩具要在沙
　　　 箱裡用。）

治療師 _____

小　孩 （把玩具士兵放在沙箱裡，開始用他拿來的所有玩具設
　　　 立一個場景。）

治療師 _____

小　孩 （把玩具士兵排成一列，然後開始在他們四周建了一道
　　　 牆。）

治療師 _____

小　孩 （把卡車和飛機拿到沙箱外）

治療師 _____

小　孩 （開始演玩具士兵的戰爭）碰、砰、轟。

治療師 _____

小　孩 （把一些玩具士兵弄倒，將他們用沙子蓋住。）

治療師 _____

範例：治療師指認非口語行為的反應

小　孩　（推著卡車穿過沙箱）嗚嗚嗚

治療師　你正在把那個推到那邊去。

小　孩　（挖起沙把它放到卡車後面）

治療師　就倒在那裡。

小　孩　（把卡車推回到沙箱的另一邊；倒掉沙子。）

治療師　現在回到那裡把它倒在那邊。

小　孩　（站起來到處看看房間四周）

治療師　到處看看找其他東西。

小　孩　（拿起飛機把它丟在沙箱裡，開始找更多的玩具要在沙箱裡用。）

治療師　把那個放在那裡，然後看看還有什麼是你想用的。

小　孩　（把玩具士兵放在沙箱裡，開始用他拿來的所有玩具設立一個場景。）

治療師　現在你已經拿了所有你想要的東西，而且你把它們擺成你想要的樣子。

小　孩　（把玩具士兵排成一列，然後開始在他們四周建了一道牆。）

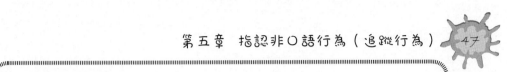

治療師 你把他們排起來，又做了一道牆保護他們。

小　孩 （開始演玩具士兵的戰爭）碰、砰、轟。

治療師 聽起來他們打得很激烈。

小　孩 （把一些玩具士兵弄倒，將他們用沙子蓋住。）

治療師 看起來那些被打到了，你把他們埋起來。

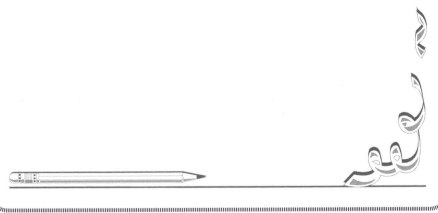

第六章

反映內容

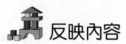 反映內容

✏️ **什麼是反映內容？**

治療師用不太一樣的話語重複兒童說的話。

✏️ **範　例**

○ 小孩在沙箱裡一邊玩一邊說：「大地震快來了，沒有人可以阻止它，就連超人也不行！」

反應：沒有人可以阻止大地震。

○ 小孩把盤子放到地上然後說：「晚餐時間到了，大家來吃飯吧！」

反應：你要讓大家都知道晚餐準備好了。

✏️ **為什麼要反映內容？**

○ 反映內容幫助兒童知道你聽到及瞭解他的訊息內容，也提供兒童一個機會去聽到自己所說的話，有助兒童瞭解自己的觀點和自我。

○ 當要在反映感覺或反映內容中做選擇時，應該反應兒童的感覺，或同時反應感覺及內容。如果兒童的感覺不明顯，應傾聽兒童的聲調來協助判斷訊息中的感覺。

反映內容練習

雖然其他的反應可能較適宜，請練習反映內容。

1. 小孩玩著洋娃娃，然後說：「她餓了，所以我要餵她。」

反應：＿＿＿＿＿＿＿＿＿＿＿＿＿＿＿＿＿＿＿

＿＿＿＿＿＿＿＿＿＿＿＿＿＿＿＿＿＿＿＿＿＿＿

2. 小孩玩著玩具兵，然後說：「他要把所有的壞人都殺
   掉。」

反應：＿＿＿＿＿＿＿＿＿＿＿＿＿＿＿＿＿＿＿

＿＿＿＿＿＿＿＿＿＿＿＿＿＿＿＿＿＿＿＿＿＿＿

3. 小孩在玩娃娃家族，然後說：「是睡覺的時候了。」

反應：＿＿＿＿＿＿＿＿＿＿＿＿＿＿＿＿＿＿＿

＿＿＿＿＿＿＿＿＿＿＿＿＿＿＿＿＿＿＿＿＿＿＿

4. 小孩把玩具錢都拿出來，然後說：「我要把這裡所有的玩
   具都買下來。」

反應：＿＿＿＿＿＿＿＿＿＿＿＿＿＿＿＿＿＿＿

＿＿＿＿＿＿＿＿＿＿＿＿＿＿＿＿＿＿＿＿＿＿＿

5. 小孩在玩手偶。一個手偶對另一個說：「我明天有慶生
   會。」

反應：＿＿＿＿＿＿＿＿＿＿＿＿＿＿＿＿＿＿＿

＿＿＿＿＿＿＿＿＿＿＿＿＿＿＿＿＿＿＿＿＿＿＿

📖問題討論

當遊戲治療師反應兒童口語訊息的內容，兒童學到了什麼？這個兒童的感覺是什麼？

📖檢視錄影並省思

錄下你和一個兒童的遊戲治療單元，並檢視錄影並傾聽反映內容的反應。找出八個你沒有但是其實可以反映內容的片段，寫下你可能會有的反映內容的反應，或是你已經做了但是想要加強的內容反應。

📖檢視錄影反應的格式

小孩：小孩說的話。

治療師：你的反應或註明沒有反應。

更正的反應：你希望你當時應該有的反應。

更正反應的原因：解釋為什麼更正的反應是較有效的，或解釋它對兒童的影響。

無效及有效反映內容的範例

背景資訊

　　因為泰勒無法接受他媽媽安姬嫁給他的繼父艾倫，所以泰勒的媽媽帶七歲的泰勒來做遊戲治療。泰勒的親生父親在泰勒十八個月大時離家，從此泰勒再也沒有和他有任何接觸。泰勒的媽媽在遇到艾倫前，都會在晚上和週末花很多時間陪伴泰勒。安姬在兩年前認識艾倫並開始約會後，泰勒變得很生氣。安姬解釋，她以為泰勒最後會接受艾倫，但是泰勒卻在言語上表達了對艾倫更多的恨意。

第一次與泰勒的遊戲治療單元摘要

反映內容

孩　子　泰勒看看不倒翁拳擊娃娃，然後把沙放在塑膠杯裡，說：「我要把毒藥放進他的柳橙汁裡，然後他就會死了。」

治療師　「你決定把沙放進塑膠杯裡。」

評　論　治療師沒有反應泰勒所表達內容的重要性及意義。泰勒所表達的內容比把沙放在塑膠杯裡的這個事實來得重要且有意義。當兒童沒有以口語表達時，指出非口語行為是重要的反應。這讓兒童知道你在這裡而且很關心他／她。

更正的反應

孩　子　泰勒看看拳擊娃娃，然後把沙放在塑膠杯裡，說：「我要把毒藥放進他的柳橙汁裡，然後他就會死了。」

治療師　「你想要用毒柳橙汁毒死他。」

評　論　泰勒的話也許會嚇到一些新手遊戲治療師，而不知道如何反應。逃避反應他的話可能會讓泰勒認為他的隱喻性遊戲是「不對的」。

個案實例練習

✏ 寫下治療師對兒童反映內容的反應

在你寫下對每個狀況的反應後，翻到下一頁，比較你的反應和治療師應如何反應的建議。在你寫下你的反應前，儘量不要去看治療師應如何反應的建議。

小　孩　嘿，之前誰在這裡？（小孩彎著身去看沙箱，指著沙上的腳印。）

治療師 ＿＿＿＿＿＿＿＿＿＿＿＿＿＿＿＿＿＿＿＿＿＿

小　孩　這是誰踩的？讓我看看你的鞋底。

治療師 ＿＿＿＿＿＿＿＿＿＿＿＿＿＿＿＿＿＿＿＿＿＿

小　孩　不是。

治療師 _____

小　孩 （開始把腳印用鏟子把它蓋起來。約書亞把他的手放進沙裡，開始把沙從這邊移到沙箱的另一邊。）地震！

治療師 _____

小　孩 蝙蝠俠和羅賓來了！（約書亞把沙丟在地震的地方）

治療師 _____

小　孩 但是他們（蝙蝠俠和羅賓）也沒辦法阻止地震。

治療師 _____

小　孩 這個可以！

治療師 _____

小　孩 （約書亞開始把他的左手埋進沙裡）蝙蝠俠死了！（聲音聽起來很難過）

治療師 _____

小　孩 不是，是超人在埋他。

治療師 _____

小　孩 來了一台很好的坦克車。它可以讓地震停下來。它把蝙蝠俠救出來。我自由了！（聽起來很高興）

治療師 _____

小　　孩　牆壁又要倒下來了。我好害怕。

治療師　_____

小　　孩　他掉進去被困住了！（指著之前說過是壞人的那隻手）

治療師　_____

小　　孩　現在，走開！

治療師　_____

小　　孩　（看著兩隻手）好人和壞人。

治療師　_____

範例：治療師反映內容的反應

小　孩　嘿，之前誰在這裡？（小孩彎著身去看沙箱，指著沙上的腳印。）

治療師　你注意到有腳印在那裡。

小　孩　這是誰踩的？讓我看看你的鞋底。

治療師　你想要看看我的鞋底是不是像那個鞋印一樣。

小　孩　不是。

治療師　不是，你認為不是我踩的。

小　孩　（開始把腳印用鏟子把它蓋起來。約書亞把他的手放進沙裡開始把沙從這邊移到沙箱的另一邊。）地震！

治療師　地震來了。

小　孩　蝙蝠俠和羅賓來了！（約書亞把沙丟在地震的地方）

治療師　在地震的地方，蝙蝠俠和羅賓丟了一些東西下去。

小　孩　但是他們（蝙蝠俠和羅賓）也沒辦法阻止地震。

治療師　無論他們做什麼都沒辦法阻止地震。

小　孩　這個可以！

治療師　噢，那個可以讓它停止。

小　孩　（約書亞開始把他的左手埋進沙裡）蝙蝠俠死了（聲音聽起來很難過）

治療師　你很難過。蝙蝠俠死了，你在埋他。

小　孩　不是，是超人在埋他。

治療師　噢，是超人在埋蝙蝠俠。

小　孩　來了一台很好的坦克車。它可以讓地震停下來。它把蝙蝠俠救出來。我自由了！（聽起來很高興）

治療師　蝙蝠俠很高興他又自由了！

小　孩　牆壁又要倒下來了。我好害怕。

治療師　他很害怕不知道要怎麼辦。

小　孩　他掉進去被困住了！（指著之前說過是壞人的那隻手）

治療師　壞人掉進陷阱裡了。

小　孩　現在，走開！

治療師　你警告他，叫他走開。

小　孩　（看著兩隻手）好人和壞人。

治療師　有些人是壞的，有些人是好的。

第七章
反映情感

✏️ 為什麼要反映情感？

○ 反映情感傳達了對兒童感覺及需要的瞭解與接受。這也向
  兒童顯示了你是對他們有興趣且想要瞭解他們。
○ 這個過程幫助兒童瞭解、接受、和辨認他們的感覺。
○ 兒童也學到如何以口語來表達他們的感覺。如果感覺被表
  達了卻沒有被辨識，兒童可能會認為這個感覺或表達是不
  被接受的。

✏️ 辨認感覺

你似乎對於……覺得很挫折　　你看起來很興奮
你看起來很高興　　　　　　你很難過
你對……很生氣　　　　　　你真的想要……
你很迷惑　　　　　　　　　你不喜歡……

寫出二十個描述「感覺」的辭彙（例如：高興、難過、害
怕）。

_____

_____

_____

_____

_____

感覺的辭彙

被惹火了（Aggravated）	生氣	氣惱
煩躁	迷惑	驚訝
不好意思	挫折	恐懼
害怕	嚇壞了	緊張
精疲力竭的	不知如何是好	震驚
擔心	難過	寂寞
不高興	覺得沒人愛的	快樂
知足	興奮	高興
有自信	自豪	滿意
覺得有能力的	有決心	安全
深情的	感激	關心
充滿熱情的	愛玩耍的	無憂無慮的
放鬆		

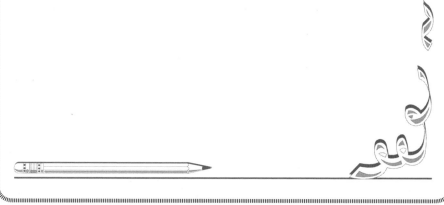

練習：反映感覺

1. 你說：「泰瑞，這是我們特別的遊戲室。在遊戲室裡，你可以做許多你想要做的事。」孩子笑著，跳上跳下，並說：「真的嗎？」

反應：＿＿＿＿＿＿＿＿＿＿＿＿＿＿＿＿＿＿＿＿＿

2. 小孩在玩娃娃家族，一個玩偶娃娃對另一個大聲吼叫。

反應：＿＿＿＿＿＿＿＿＿＿＿＿＿＿＿＿＿＿＿＿＿

3. 小孩假裝在餐桌上擺餐具，他笑著說：「我知道要把它們擺在哪裡！」

反應：＿＿＿＿＿＿＿＿＿＿＿＿＿＿＿＿＿＿＿＿＿

4. 小孩打了不倒翁拳擊娃娃並且微笑。

反應：＿＿＿＿＿＿＿＿＿＿＿＿＿＿＿＿＿＿＿＿＿

5. 小孩笑著幫你銬上手銬。

反應：＿＿＿＿＿＿＿＿＿＿＿＿＿＿＿＿＿＿＿＿＿

6. 小孩將水灑在地上，水濺得地上到處都是。

反應：＿＿＿＿＿＿＿＿＿＿＿＿＿＿＿＿＿＿＿＿＿

7.小孩用軟式子彈玩具槍對準天花板的燈。你設限了，小孩把槍丟在地上開始踩腳。

反應：＿＿＿＿＿＿＿＿＿＿＿＿＿＿＿＿＿＿＿＿＿＿

8.小孩小心翼翼又有點遲疑地打開醫療箱。小孩開始拿出針筒，然後很快地把它丟回醫療箱裡，開始玩另一個玩具。

反應：＿＿＿＿＿＿＿＿＿＿＿＿＿＿＿＿＿＿＿＿＿＿

📖檢視錄影並省思

　　錄下你和一個兒童的遊戲治療單元，檢視錄影並仔細聽反映感覺的反應。寫下八個你可以做但是沒有做的感覺反映。使用以下的格式來記錄你的反應。

📖檢視錄影反應的格式

　　小孩：小孩說的話。

　　治療師：你的反應或註明沒有反應。

　　更正的反應：你希望你當時應該有的反應。

　　更正反應的原因：解釋為什麼更正的反應是較有效的，或解釋它對兒童的影響。

無效及有效反映感覺的範例

背景資訊

　　七歲的男孩因為在學校裡發生的創傷事件，被他的爸媽帶來做遊戲治療。媽媽指出他很親近的一個老師最近搬到了別州，學校還沒有找到新的老師，所以他的班級已經有幾個不同的代課老師。媽媽說他要去上學時都很難過，也常常說他再也不喜歡學校了。媽媽指出自從老師搬家後，他的行為有很明顯的改變。

遊戲治療單元摘要

反映感覺

孩　子（很難過的聲音）我快要有新老師了，因為我的老師搬家了。

治療師　你知道你快要有新老師了。

評　論　這是反映內容的反應。雖然治療師的反應是聚焦在小孩身上，卻喪失了反應小孩所表達的情緒的機會。如果治療師反應的是情緒而不是內容，則治療單元可能就可以進行到可以幫助兒童學會辨認情緒及以口語表達情緒這個更深入的層次。

更正的反應

孩　子　（很難過的聲音）我快要有新老師了，因為我的老師搬家了。

治療師　你很難過你的老師搬家了，你很想念她。

評　論　這個反應確認了兒童的感覺，並幫助兒童覺得被暸解。這也協助建立一個在兒童及治療師之間信任的關係。治療師也傳達了兒童的感覺是重要的訊息。

個案實例練習

寫下治療師對兒童反映感覺的反應

在你寫下對每個狀況的反應後，翻到下一頁，比較你的反應和治療師應如何反應的建議。在你寫下你的反應前，儘量不要去看治療師應如何反應的建議。

小　孩 （小孩從架上揀起一個玩具，轉向治療師。）我知道它是什麼，我有一個在家裡，學校裡也有一個！

治療師 _____

小　孩 我喜歡上學，因為我可以和我的朋友玩。

治療師 _____

小　孩 （走到黑板前開始畫畫）對啊，但是有時候我們必須要讀書。

治療師 _____

小　孩 嗯。（繼續在黑板上畫畫）

治療師 _____

小　孩 我喜歡在學校畫畫，但是我沒辦法畫，因為老師說黑板是她專用的。

治療師 _____

小　　孩 我們想玩時也不能玩。我們必須遵守老師的指令。

治療師 _____

小　　孩 （開始在沙箱裡玩）我也喜歡這個。

治療師 _____

小　　孩 但是我媽媽帶我去公園時我也不行在沙裡玩，因為可能
　　　　 會弄髒。

治療師 _____

小　　孩 但是有時候我爸爸帶我去公園玩時我可以在沙裡玩。

治療師 _____

小　　孩 可是他不常帶我去，因為他要工作。

治療師 _____

範例：治療師反映感覺的反應

小　孩 （小孩從架上揀起一個玩具，轉向治療師。）我知道它是什麼，我有一個在家裡，學校裡也有一個！

治療師 你看到你在別的地方也玩的玩具很興奮。

小　孩 我喜歡上學，因為我可以和我的朋友玩。

治療師 你喜歡學校，也喜歡和你的朋友玩。

小　孩 （走到黑板前開始畫畫）對啊，但是有時候我們必須要讀書。

治療師 聽起來你不喜歡你在學校必須讀書。

小　孩 嗯。（繼續在黑板上畫畫）

治療師 你在這裡畫了一些東西。你真的很專心在畫東西。

小　孩 我喜歡在學校畫畫，但是我沒辦法畫，因為老師說黑板是她專用的。

治療師 聽起來你沒辦法在學校的黑板上畫畫時，你覺得很生氣。

小　孩 我們想玩時也不能玩。我們必須遵守老師的指令。

治療師 在學校不能玩的時候，你也覺得很生氣。

小　孩 （開始在沙箱裡玩）我也喜歡這個。

治療師 你找到其他你喜歡的東西。

小　孩 但是我媽媽帶我去公園時我也不行在沙裡玩，因為可能會弄髒。

治療師 在公園裡不能照你想玩的方式玩，讓你覺得很失望。

小　孩 但是有時候我爸爸帶我去公園玩時，我可以在沙裡玩。

治療師 你喜歡和爸爸一起去公園。

小　孩 可是他不常帶我去，因為他要工作。

治療師 爸爸不能和你去公園，讓你覺得很難過。

治療師的聲調及表達方式

使用你的聲調來表達意義及感覺

○有些人在和年幼的兒童相處時會使用不同的聲調，他們可能會使用較高的聲調或是在句尾時提高聲調，這種聲調傳達了一種「兒童是沒有能力」的態度。

○一成不變的聲調傳達了對兒童缺乏興趣。真誠的治療師會展現自己的人格。治療師應使用平時和他人交談時對話式的聲調。

○當兒童並不興奮，但治療時卻用過分興奮的語調回應時，兒童可能會覺得有什麼地方不太對勁。既然兒童並不是同樣地興奮，兒童也可能不太信任自己的反應。

　　例如，小孩在找奶瓶並找到了（小孩看來並不興奮）。治療師反應：「哇！你找到了！」這個反應所傳達的是兒童並沒有經驗到的興奮感覺，所以可能會引導或指導了兒童後續的行為。

【自我省思】思考你對成人與兒童對話時的觀察。什麼是成人用來和兒童溝通時有效及無效的方式？

_____

_____

_____

治療師的聲調及表達方式與兒童的情感一致

○在遊戲治療單元中，兒童正在發展對他們自己的感覺及自我更多的瞭解。當治療師反映兒童的感覺或是確認他們的經驗時，治療師的聲調需要像鏡子一樣，反映兒童的表達和經驗。

兒童安靜抑鬱寡歡地把幾個人埋進沙裡

不正確的反映 治療師用很快樂或興奮的聲音說：「你知道如何把人埋進沙裡去。」

正確的反映 治療師用悶悶不樂的聲音說：「你正在把他們埋進沙裡去。」

兒童看起來很生氣地打著踢著拳擊娃娃

不正確的反映 治療師用很小聲難過的聲音說：「噢，不，你真的打他打得很用力。」（幾乎像是在同理不倒翁拳擊娃娃的感覺）

正確的反映 治療師用很生氣的聲音說：「你真的很生氣。你很用力地打他。」

【自我省思】在你用同理的態度來反應這方面，什麼情緒是你覺得最有挑戰性的？你如何用同理的態度來反應及使用和兒童情感一致的聲調？

_____

_____

治療師的聲調及表達方式與兒童所表達的情感一致

兒童用難過的聲音說，地震來了，而且所有的人都死了

不正確的反映 治療師用很輕鬆的聲音說：「你很難過有地震，而且所有的人都死了。」

正確的反映 治療師用難過的聲音說：「你很難過有地震，而且所有的人都死了。」

　　雖然這似乎很顯而易見，但是像鏡子一樣反映兒童經驗的深度及強度是很重要的。兒童用玩具表達他們的感覺和想法，他們的遊戲是有意義的，而且常常代表了生活經驗。

【**自我省思**】描述一個你的聲調和你正在指出的感覺不一致的情況。你會如何處理？

_____

_____

_____

_____

_____

_____

_____

反映感覺的指導原則

1.用「你」開頭來反映以個人化這個訊息。
2.在開始反映時，避免重複使用像是「聽起來」的字詞。
3.治療師需要察覺到在他們私人生活中他們逃避處理或是不舒服的感覺。當孩子表達這些相同的感覺，治療師有時候在辨認這些感覺時會有困難。

📖問題討論

　　當治療師反映兒童的感覺，他們學到了什麼？這個兒童感覺如何？

　　什麼感覺是你逃避的，或是什麼感覺是你覺得有困難表達的？

📖檢視錄影並省思

　　錄下你和一個兒童的遊戲治療單元，檢視錄影並傾聽反映感覺的反應。找出八個你沒有適當或正確使用聲調反映的片段，說明你認為你的聲調應該如何改變。

指導兒童的意見或建議

有些治療師非但沒有協助兒童自己做決定及自我承擔責任，反而提出指導兒童的意見或建議。

當兒童能主導狀況並且決定接下來做什麼的時候，他學到更自主、獨立，而且可能更能主動提出自己的想法。

✏ 範 例

孩　子 兒童走進遊戲室。

治療師 看看那個娃娃屋！你可以編一個和家庭有關的故事。

孩　子 我應該畫什麼？

治療師 畫一幅你的家庭。

這些反應指導兒童的行為，並喪失了讓兒童提供自己的方向及做決定的機會。

> 📖**問題討論**
>
> 　當治療師指導兒童或提供建議時，兒童學到什麼？
>
> 📖**檢視錄影並省思**
>
> 　檢視遊戲治療單元的錄影，寫下引導或指導兒童的反應。描述這些反應如何影響兒童。

第八章
促進做決定與負責

🖊 什麼是促進做決定與負責？

○當兒童問問題或尋求協助，治療師會做出將責任交還給兒童的反應。這類反應鼓勵兒童自己作決定，以及為其目前關注的事負責任。

🖊 範　例

孩　子 我應該先玩什麼？

治療師 在這裡，你可以決定你要做什麼。

🖊 其他促進做決定的範例

○你想要它是什麼，它就是什麼。
○你可以畫任何你要的顏色。
○在這裡，你可以用你要的方式來拼這個字。

🖊 為什麼要促進做決定與負責？

○兒童在很年幼時就可以學習如何為自己做決定和負責。兒童在兒童時期發展這些技能，也在為自己在青少年與成年時期有做決定的能力而做準備。
○有機會學習做決定及自我負責的兒童會自我指導、自動自發，並對他們的生活有控制感。
○責任感是從經驗中學習而來。當成人為兒童做他們自己可以做的決定，就剝奪了兒童的學習機會。兒童學會依賴成人，而不是發展自我負責。

✏️ 為什麼不在兒童要求幫助時，自動自發地幫助兒童？

○兒童會學會他們是沒有能力的，他們會覺得無法勝任，並且可能會依賴大人來完成他們自己可以完成的事。當成人總是幫兒童完成他們自己可以做的事時，兒童就失去了自己解決問題的機會。當兒童努力完成一件事時，他們會感受到一種成就感及驕傲。

【自我省思】有些新手遊戲治療師強烈覺得需要馬上協助正在掙扎試著完成某樣事物的兒童。這個遊戲治療師對於自己作為一個助人者和對於兒童（或者有困難的人）的信念，可能是什麼？

_____

_____

_____

_____

_____

_____

_____

_____

_____

_____

練習：促進做決定與負責

1.小孩拿著一個玩具，問說：「這是做什麼的？」

反應：＿＿＿＿＿＿＿＿＿＿＿＿＿＿＿＿＿＿＿

2.小孩第一次進入遊戲室，看著治療師問說：「我應該做什麼？」

反應：＿＿＿＿＿＿＿＿＿＿＿＿＿＿＿＿＿＿＿

3.小孩撿起一隻恐龍，問說：「這是哪一種恐龍？」

反應：＿＿＿＿＿＿＿＿＿＿＿＿＿＿＿＿＿＿＿

4.小孩在廚房區煮晚餐，問說：「晚餐我應該煮什麼？」

反應：＿＿＿＿＿＿＿＿＿＿＿＿＿＿＿＿＿＿＿

5.完全沒花力氣找，小孩把一團紙拿給你看，問說：「垃圾桶在哪裡？」

反應：＿＿＿＿＿＿＿＿＿＿＿＿＿＿＿＿＿＿＿

6.一個六歲的小孩把水灑在地上，然後告訴你說：「擦乾淨。」

反應：＿＿＿＿＿＿＿＿＿＿＿＿＿＿＿＿＿＿＿

📖問題討論

　　當治療師以促進做決定的方式來反應，兒童學到了什麼？這個兒童感覺如何？

📖檢視錄影並省思

　　錄下你和一個兒童的遊戲治療單元，檢視錄影帶並傾聽促進做決定與責任的反應，找出八個你沒有做出促進做決定與責任反應的片段，用下列的格式寫出你應該有的反應。

　　小孩：小孩說的話或做的事。

　　治療師：你的反應或註明沒有反應。

　　更正的反應：你希望你當時應該有的反應。

　　更正反應的原因：解釋為什麼更正的反應是較有效的，或解釋它對兒童的影響。

無效及有效促進做決定與負責的範例

✎ 背景資訊

　　一個六歲的女孩被她的媽媽帶來做遊戲治療，以協助她入學的適應。媽媽指出她在學校和老師處得不好。老師告訴媽媽她在課堂上沒辦法自己開始寫作業，並且常常即使知道如何完成作業也還是要求協助。媽媽也說她的女兒在家也常常為了簡單小事而尋求媽媽的指示和許可。

✎ 遊戲治療單元摘要

促進做決定與負責

孩　子　（拿起玩具醫療箱）這是什麼？它怎麼用？

治療師　這是醫療箱。你可以假裝你是醫生。

孩　子　（拿起聽診器）這個是做什麼的？（把聽診器放在她的耳朵上）

治療師　你把聽診器放在耳朵上聽心跳。

評　論　治療師藉由回答問題來引導這個單元，而且變成了教導的角色而不是治療的角色。治療師想要的是協助兒童發揮兒童原本就有的做決定及選擇的能力。在遊戲室兒童有機會去探索玩具，並用他想要的方式來用它們；這可讓兒童發展他們的做決定技巧。

更正的反應

孩　子　（拿起玩具醫療箱）這是什麼？它怎麼用？

治療師　你正在試著決定如何用那個。

孩　子　（拿起聽診器）這個是做什麼的？（把聽診器放在她的耳朵上）

治療師　你對它很好奇。看起來你知道如何用它。

評　論　透過讓兒童探索玩具及決定想要如何使用它們，治療師鼓勵及促進兒童發揮做決定的能力。

個案實例練習

✏ 寫下治療師促進作決定的反應

　　在你寫下對每個狀況的反應後，翻到下一頁，比較你的反應和治療師應如何反應的建議。在你寫下你的反應前，儘量不要去看治療師應如何反應的建議。

小　孩　（進入遊戲室，四處看看）我應該做什麼？

治療師 ＿＿＿＿＿＿＿＿＿＿＿＿＿＿＿＿＿＿＿＿＿＿＿

小　孩　（走向美勞桌然後拿出一張紙）我知道我可以做什麼。

治療師 ＿＿＿＿＿＿＿＿＿＿＿＿＿＿＿＿＿＿＿＿＿＿＿

小　孩　我要畫一張畫送給我媽媽。

治療師 ＿＿＿＿＿＿＿＿＿＿＿＿＿＿＿＿＿＿＿＿＿＿＿

小　孩　（開始選色筆及蠟筆的顏色，然後開始畫）

治療師 ＿＿＿＿＿＿＿＿＿＿＿＿＿＿＿＿＿＿＿＿＿＿＿

小　孩　我要畫彩虹。

治療師 ＿＿＿＿＿＿＿＿＿＿＿＿＿＿＿＿＿＿＿＿＿＿＿

小　孩　嗯……我應該用什麼顏色畫彩虹？

治療師 ＿＿＿＿＿＿＿＿＿＿＿＿＿＿＿＿＿＿＿＿＿＿＿

小　孩　我想我要用藍的和紅的，因為它們是我最喜歡的顏色。

治療師 _____

小　孩　現在我要畫一些花。

治療師 _____

小　孩　（開始畫花）

治療師 _____

小　孩　（把畫拿給治療師）畫好了。我要把這個給媽媽。

治療師 _____

範例：治療師促進做決定的反應

小　孩　（進入遊戲室，四處看看。）我應該做什麼？

治療師　在這裡你可以決定你要玩什麼。

小　孩　（走向美勞桌然後拿出一張紙）我知道我可以做什麼。

治療師　你想到你要做什麼了。

小　孩　我要畫一張畫送給我媽媽。

治療師　你已經有個計畫，而且很清楚你要做什麼。

小　孩　（開始選色筆及蠟筆的顏色，然後開始畫。）我要畫彩虹。

治療師　你知道要做什麼和如何去做。

小　孩　嗯……我應該用什麼顏色畫彩虹？

治療師　你可以決定用什麼顏色。

小　孩　我想我要用藍的和紅的，因為它們是我最喜歡的顏色。

治療師　你想到一個方法來決定用什麼顏色。

小　孩　現在我要畫一些花。

治療師　你決定了接下來要畫什麼。

小　孩（開始畫花）

治療師 你很認真地畫你的畫。

小　孩 （把畫拿給治療師）畫好了。我要把這個給媽媽。

治療師 你畫成你想要的樣子，而且很興奮要給你媽媽。

幫助兒童的指導原則

1.當你看到兒童掙扎地要完成某件事，不要急忙地想去幫忙。等待兒童要求協助。

當兒童正在做某件事，鼓勵他／她：

- 你真的很認真在完成它。
- 你想到一個方法把它打開了

2.特別要鼓勵兒童去完成符合他們年齡的事。

例如，三歲的小孩可能會有困難把塑膠罐上蓋得很緊的蓋子打開，此時治療師與小孩一起合作來打開那個罐蓋是適合的。

3.不要幫助沒有嘗試自己做就要求幫助的孩子。

4.如果兒童：

(1)試著完成這件事；
(2)要求你幫忙；
(3)而且這件事似乎對這個年紀的孩子是有挑戰性的。

則要反應：「做給我看你要我怎麼做」。

- 這個反應鼓勵兒童做關於兒童要你如何幫忙的決定。這個方法也幫助兒童注重在完成某件事的過程中，什麼是特別需要做的。

當一起完成某樣事物時：

- 鼓勵兒童——「你正在認真地……。」

當已完成某樣事物時：

- 你做到了。你打開那個了。（而不是：我們做到了。我們打開那個了。）
- 把焦點放在兒童及兒童的成就上。

當兒童尋求幫助時，寫下你的反應

1.小孩掙扎地要解開繩子上的結。小孩要求你的幫忙。

反應：＿＿＿＿＿＿＿＿＿＿＿＿＿＿＿＿＿＿＿＿＿＿＿＿

2.你和小孩成功地完成你們一起做的某件事。

反應：＿＿＿＿＿＿＿＿＿＿＿＿＿＿＿＿＿＿＿＿＿＿＿＿

3.四歲的小孩抓著手銬，拿來給你，然後問：「你可以把它們打開嗎？」

反應：＿＿＿＿＿＿＿＿＿＿＿＿＿＿＿＿＿＿＿＿＿＿＿＿

4.小孩掙扎地要把娃娃的夾克拉鍊拉開。

反應：＿＿＿＿＿＿＿＿＿＿＿＿＿＿＿＿＿＿＿＿＿＿＿＿

📖問題討論

　　當治療師鼓勵兒童自己完成某件事，他們學到了什麼？這個兒童感覺如何？

📖檢視錄影並省思

　　錄下你和一個兒童的遊戲治療單元，檢視錄影帶並找出你幫助兒童的時候。你有鼓勵兒童自己嘗試去完成這件事嗎？找出你幫助兒童時希望反應不同的地方，用下列的格式寫出你希望你可以有的反應。

　　小孩：小孩說的話或做的事。

　　治療師：你的反應或註明沒有反應。

　　更正的反應：你希望你當時應該有的反應。

　　更正反應的原因：解釋為什麼更正的反應是較有效的，或解釋它對兒童的影響。

稱讚與評價式的表達

✏ **稱讚與評價式表達的範例**

做的好棒	好漂亮的畫
你真是一個乖孩子	那個看起來棒極了
你在那方面很厲害	這個高樓真是好極了

○有些人認為稱讚是增強兒童能力和行為的正向做法。然而，兒童可能為了感覺自己很好而變得很依賴得到稱讚，也可能一直不斷尋求肯定及努力討好他人。

○兒童被鼓勵去重視他們為成就某事的努力過程及所投注的心血，讓他們發展出內在的自我評價（internal source of evaluation）。他們可以為自己的努力和成就喝采，而不是尋求他人的肯定。

○提供稱讚或評價的成人站在一個有權力和評價的位置，這個成人有權力提供或拒絕稱讚，和做正面或負面的評價，這會助長外在控制（external locus of control）的發展。兒童學到的是讓別人的想法和信念來主導他／她的生活。

○稱讚規範或增強兒童複製更多一樣的東西，重複做相同的事。

○得到鼓勵的兒童較可能發展出內在控制（internal locus of control），並成為可以自我指導和自我負責。

第九章
協助建立自尊
與鼓勵

接下來討論稱讚與鼓勵的不同，並描述如何運用鼓勵的話語來協助建立自尊。

運用鼓勵的話語而不是稱讚的原因：

兒童會學會變成自動自發，而不是尋求他人的稱讚和意見來決定自我價值。

稱讚與鼓勵的不同

稱 讚

稱讚評價一個兒童的能力和自我價值，它告訴兒童你對於他能力的想法，它教導兒童基於他人正面或負面的意見來評價自己。

稱讚的表達

治療師的反應：那一幅畫真美麗！

應避免這類的反應。如果兒童可以畫美麗的圖畫，他們也可以畫一幅讓治療師討厭的畫。稱讚強化了兒童對正面外在評價的需要。

鼓 勵

鼓勵的反應肯定兒童的努力。它幫助兒童發展內在動機和重視自我。

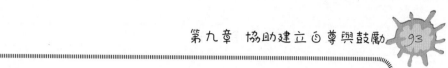

鼓勵的表達

治療師的反應：你很認真地畫畫。

運用鼓勵反應的原因：這類的反應幫助兒童學習肯定自我和欣賞自己的能力。兒童會學到自豪，並且不會僅基於別人的評價來形成自我概念。

範 例

小孩煮晚餐，並且給你一盤假裝的雞腿。然後小孩問你：你覺得如何？

稱讚的反應：這晚餐真好吃！

○這個反應評價和判斷了廚師的手藝。這促使兒童因你的意見和稱讚而激發其行動。

鼓勵的反應：你很努力就是為了為我做晚餐。（用欽佩的口吻）

○這個反應注重在兒童的心血和努力。它鼓勵兒童發展內在動機。兒童會變成自動自發，而不是依賴他人的稱讚。

鼓勵的表達

你知道如何：算數、餵嬰兒、堆積木、寫你自己的名字……等。

○這個「你知道如何」的表達，反映了兒童的能力，而不是評價兒童的能力（例如，你的算術很好）。

其他鼓勵性的表達

你正在用你想要的方式做它　　　你做到了

你很努力　　　　　　　　　　　你很認真地嘗試

你知道你想要它變成什麼樣子　　你對你的（高塔）很自豪

聽起來你知道很多有關（恐龍）的事

【自我省思】描述什麼是稱讚及稱讚對兒童的影響；描述什麼是鼓勵及鼓勵對兒童的影響。

_____

_____

_____

_____

_____

_____

_____

_____

_____

_____

_____

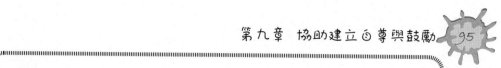

 辨認稱讚與鼓勵的練習

辨認下列描述何者為稱讚，何者為鼓勵？

1.你的塔蓋得好極了。

　　□稱讚　　　　　□鼓勵

2.你很努力地蓋起那個塔。

　　□稱讚　　　　　□鼓勵

3.你喜歡你的圖畫畫出來的樣子，你花了很多時間也用很多
　種的顏色來畫圖。

　　□稱讚　　　　　□鼓勵

4.你一直是如此乖巧的男孩。

　　□稱讚　　　　　□鼓勵

5.你花了很多力氣把那個弄掉，你很自豪你不用幫忙就做到
　了。

　　□稱讚　　　　　□鼓勵

6.那幅畫真是漂亮。

　　□稱讚　　　　　□鼓勵

7.我為你感到驕傲。

　　□稱讚　　　　　□鼓勵

📖 **問題討論**

當我們稱讚兒童，他們學到了什麼？兒童的感覺如何？

📖 **檢視錄影與省思**

觀看一個遊戲治療單元並記錄遊戲治療師稱讚或評價兒童的次數，寫下每個稱讚或評價的說法。

練習協助建立自尊與鼓勵

1.小孩畫了一幅畫，看著你，然後問你是否喜歡它。

反應：＿＿＿＿＿＿＿＿＿＿＿＿＿＿＿＿＿＿

2.小孩花了很長的時間把玩具兵排好。

反應：＿＿＿＿＿＿＿＿＿＿＿＿＿＿＿＿＿＿

3.小孩一直在試著如何把手銬打開。幾分鐘後，小孩打開了手銬。

反應：＿＿＿＿＿＿＿＿＿＿＿＿＿＿＿＿＿＿

4.小孩花了很多時間和力氣布置娃娃屋。當小孩布置好時，小孩說：「你看！好了！」。

反應：＿＿＿＿＿＿＿＿＿＿＿＿＿＿＿＿＿＿

📖問題討論

兒童從建立自尊與鼓勵性的表達中學到了什麼？這個兒童感覺如何？

📖檢視錄影與省思

錄下你和一個兒童的遊戲治療單元，檢視錄影帶並傾聽鼓勵與協助建立自尊的反應，找出八個你沒有但是其實可以協助建立自尊的片段，用下列的格式來記錄反應。

小孩：小孩說的話或做的事。

治療師：你的反應或註明沒有反應。

更正的反應：你希望你當時應該有的反應。

更正反應的原因：解釋為什麼更正的反應是較有效，或解釋對兒童的影響。

什麼是你運用這個技巧時的優點？什麼是你想加強或改變的？關於使用這個技巧，你有什麼困難？

無效及有效鼓勵與協助建立自尊反應的範例

✎ 稱讚與評價 v.s. 鼓勵與建立自尊

治療的目的是讓兒童藉由內化他們關於自己的正面想法來建立自尊。稱讚被定義爲是包括像是棒極了、很好、很棒、美麗等這些非描述、評估性的評論。這些字詞評估兒童或是兒童做的作品（一幅畫、積木蓋的塔）。評價者握有權力而兒童學習爲了要感覺自己很好，需要更多的稱讚。因爲這種稱讚缺少具體描述，所以並沒有對兒童造成正面長期的影響。如果兒童依賴於外在的稱讚和評價，她的同儕、家庭成員、以及其他成人的評論，會形成她的想法以及她對自己的感覺。

在另一方面，以肯定兒童所花的時間、努力和認真的方式來描述創作一幅畫或蓋積木塔的過程。這種訊息可以內化「我很認真地蓋起這個塔」。因此，治療師指出努力和認真可以被整合入兒童的自我概念和自信，兒童學習到肯定自己的個人特質、堅持和努力。

✎ 背景資訊

因爲傑瑞在家附近或在學校都有交友困難，所以傑瑞的爸爸馬克帶他來做遊戲治療。傑瑞抱怨鄰居小孩嘲笑他，他的老師和學校的其他小孩不喜歡他。

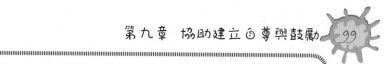

🖊 遊戲治療單元摘要

在前三次遊戲治療中，治療師注意到傑瑞在整個單元中很頻繁地尋求口語上的接納及再保證。雖然治療師瞭解建立自尊與評價和稱讚在哲學上的不同，她為了幫助他發展更強的自我概念，還是開始稱讚和評價傑瑞。

摘要一

孩　子 看我畫的這幅畫！你喜歡嗎？

治療師 你的畫棒極了。

更正的反應

孩　子 看我畫的這幅畫！你喜歡嗎？

治療師 你非常認真畫畫。你聽起來很興奮它畫出來的樣子。

孩　子 可是你喜歡嗎？

治療師 知道我的想法對你很重要，但是真正重要的是你的想法。傑瑞，你對你的畫很自豪，你花了很多心血畫它。

評　論 傑瑞在尋求治療師的讚許和正面評價。兒童藉由一般性的正面評價接收到治療師認為他的畫是「棒極了」的訊息。雖然這個評價是正面的，傑瑞也許會擔心未來的評價是負面的。如果治療師所有的評價都是正面的，傑瑞也許會懷疑他和治療師關係的真實性。治療師避免評價就創造了一個不以傑瑞的表現為基礎的接納性環境。

評　論　治療師教導兒童去肯定創作畫時所花的時間和努力，而不是評價結果。如果傑瑞相信他花了很多時間和努力來創作他的畫，他可以內化這個訊息並為自己的努力鼓掌喝采。然而，傑瑞不可能內化一個「一幅畫是美麗的」這樣的外在訊息，而是聽到「我的治療師認為我的畫是美麗的」這樣的訊息。因此，為了感覺自己很好，對傑瑞來說，得到其他人的稱讚和肯定仍然是很重要的。

摘要二

孩　子　傑瑞描述每隻恐龍。他告訴治療師：「我知道每隻叫什麼，也可以告訴你它是不是肉食的。」

治療師　你非常聰明。

評　論　治療師的反應傳達了治療師認為傑瑞是聰明的。這個反應並沒有給傑瑞內化「他是聰明的」這樣的機會。這是一個外在的評價。如果傑瑞相信治療師的話，他學到的是「治療師認為他是聰明的」；這樣並沒有機會讓傑瑞評價自己是聰明的。

更正的反應

孩　子　傑瑞描述每隻恐龍。他告訴治療師：「我知道每隻叫什麼，也可以告訴你它是不是肉食的。」

治療師　你知道很多有關恐龍的事。你知道它們的名字也知道它們吃肉或不吃肉。

評　論　治療師指出兒童的知識和能力，而不是使用一般性的評價。因為治療師的反應明確地描述這個兒童的能力，兒童可以內化這種訊息。傑瑞可以對自己說：「我知道很多有關恐龍的事。」藉由內化這個訊息，傑瑞確認自己具有恐龍相關的知識。

個案實例練習

✎ 寫下治療師建立自尊與鼓勵的反應

在你寫下對每個狀況的反應後，翻到下一頁，比較你的反應和治療師應如何反應的建議。在你寫下你的反應前，儘量不要去看治療師應如何反應的建議。

小　　孩 （小孩用積木建了一個很高的高樓）你看，它是不是很棒？

治療師 _____

小　　孩 對。但是你認為這個高樓怎麼樣？

治療師 _____

小　　孩 我很自豪我蓋的高樓。（走到黑板邊然後開始寫乘法問題）我知道如何算乘法。

治療師 _____

小　　孩 （小孩算20乘20，在問題下寫答案：400。）看這個！（語氣中很驕傲）

治療師 _____

小　　孩 （寫另一個乘法問題和答案）我必須做許多的回家作業練習題我才會算這些。

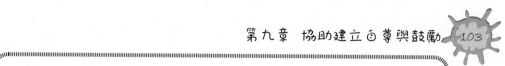

治療師 _____

小　孩 對。我似乎花了很多時間學習乘法。有時候它似乎很困難，我就很想放棄，去外面玩。

治療師 _____

小　孩 我同意我爸爸說的永遠不要放棄。

治療師 _____

小　孩 （走到畫架旁開始畫畫）我畫畫畫得不好。

治療師 _____

小　孩 我想要畫好一點。

治療師 _____

小　孩 （畫了有房子的畫，然後看著治療師。）好了，你認為那個如何？

治療師 _____

範例：治療師協助鼓勵及建立自尊的反應

小　孩 （小孩用積木建了一個很高的高樓）你看，它是不是很棒？

治療師 你真的很喜歡你蓋出來的樣子。

小　孩 對。但是你認為這個高樓怎麼樣？

治療師 你花了很多時間來蓋它，你看起來對你做出來的東西很自豪。

小　孩 我很自豪我蓋的高樓。（走到黑板邊然後開始寫乘法問題）我知道如何算乘法。

治療師 你知道乘法。

小　孩 （小孩算20乘20。在問題下寫答案：400。）看這個！（語氣中很驕傲）

治療師 你很興奮也很驕傲你會算乘法。

小　孩 （寫另一個乘法問題和答案）我必須做許多的回家作業練習題我才會算這些。

治療師 你花了很多力氣和努力學乘法。

小　孩 對。我似乎花了很多時間學習乘法。有時候它似乎很困難，我就很想放棄，去外面玩。

治療師　雖然它很困難，你一試再試並不放棄。

小　孩　我同意我爸爸說的永遠不要放棄。

治療師　你相信如果你夠努力地去試，你可以完成很多困難的事。

小　孩　（走到畫架旁開始畫畫）我畫畫畫得不好。

治療師　你對畫畫不太有自信，但是你仍然要去畫。

小　孩　我想要畫好一點。

治療師　畫畫是你想要加強的事情之一。

小　孩　（畫了有房子的畫，然後看著治療師。）好了，你認為那個如何？

治療師　你用了很多不同的顏色。你畫了窗戶、窗簾、有窗戶和門把的門。你也在房子外面畫了樹和花。

第十章
設　限

設 限

✐ 設限是為了

- ○保護兒童。
- ○保護治療師。
- ○保護玩具及遊戲室。
- ○讓治療單元和現實結合。
- ○結構化遊戲單元。
- ○限制社會無法接受的行為。
- ○幫助兒童學習自我控制。

✐ 為什麼要設限

- ○設限為兒童確認一個身體上及心理上安全的環境。
- ○設限教導兒童自我控制及自我責任感。

✐ 何時設限

- ○不允許兒童傷害自己或治療師。
- ○限制是用來保護遊戲室及玩具。

✐ 如何設限

- ○設限的態度要一致。一致的設限為有一致性的環境創造了一個結構。

○使用鎮定、耐性及堅定的語氣。

○太快地設限傳達了不安及對兒童缺乏信任。

討論在下列設限的表達中所隱含的不同訊息。

瞭解設限時所傳達的訊息

簡要地描述在每個狀況中所傳達給兒童的潛在訊息。

○在牆上畫畫可能不是個好主意。

訊息：＿＿＿＿＿＿＿＿＿＿＿＿＿＿＿＿＿＿＿＿

○在這裡我們不能畫牆。

訊息：＿＿＿＿＿＿＿＿＿＿＿＿＿＿＿＿＿＿＿＿

○你不應該畫牆。

訊息：＿＿＿＿＿＿＿＿＿＿＿＿＿＿＿＿＿＿＿＿

○我不能讓你畫牆。

訊息：＿＿＿＿＿＿＿＿＿＿＿＿＿＿＿＿＿＿＿＿

○規定是你不可以畫牆。

訊息：＿＿＿＿＿＿＿＿＿＿＿＿＿＿＿＿＿＿＿＿

○牆不是用來畫畫的。

訊息：＿＿＿＿＿＿＿＿＿＿＿＿＿＿＿＿＿＿＿＿

設限的三步驟（ACT）（Landreth, 2002）

A.指出孩子的感受（Acknowledge the feeling）

○ 叫兒童的名字會幫助治療師引起兒童的注意。
○ 治療師藉由指出孩子的感受，傳達了對兒童感覺的瞭解與接納。
○ 傳達對感覺的瞭解經常能降低感覺的強度。
○ 所有的感覺、欲望和願望都可以被接納，但不是所有的行為都可以被接受。

C.表達限制（Communicate the limit）

○ 限制要具體、清楚與精確。
○ 避免爭論及冗長的解釋。
○ 不清楚的限制讓兒童無法負責任地行動。

牆不是用來畫畫的v.s.你不可以塗很多的顏料在牆上。

T.提供另一可行的選擇（Target an alternative）

○ 提供另一可行的選擇給兒童，這是讓兒童可以表達最初意圖的行為。
○ 牆不是用來著色的；紙是用來著色的 （治療師指著紙）。
○ 兒童面臨選擇（選擇原先想做的行為或是另一可行的選擇），就提供了兒童一個練習自我控制的機會。

✏ 範 例

小孩正在畫畫然後開始畫椅子。

A：我知道你想要畫那個。
C：椅子不是用來畫畫的。
T：你可以畫在紙上（指著紙）。

🏛 練習設限

1.小孩開始在娃娃屋上著色。

A　　我知道你真的很想　　　　　　　　　　　　

C　　可是娃娃屋　　　　　　　　　　　　　　　

T　　紙是　　　　　　　　　　　　　　　　　　

2.小孩用已經裝上軟式子彈的玩具槍對準你。

A　　　　　　　　　　　　　　　　　　　　　

C　　　　　　　　　　　　　　　　　　　　　

T　　　　　　　　　　　　　　　　　　　　　

3.小孩開始用他最大的力氣拿塑膠球丟燈。

A　　　　　　　　　　　　　　　　　　　　　

C　　　　　　　　　　　　　　　　　　　　　

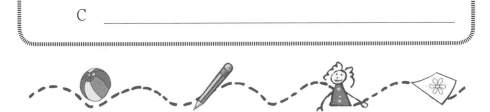

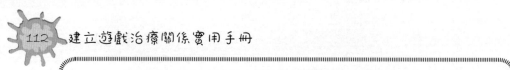

T _____

4.在遊戲室十五分鐘後，小孩說她想要離開去外面看她媽
　媽。

A _____

C _____

T _____

5.小孩想要玩假扮醫生的遊戲，然後要求你當病人。小孩要
　求你解開你襯衫的釦子，這樣他／她才可以聽你的心跳。

A _____

C _____

T _____

6.小孩在單元開始前就去過廁所。在單元中小孩要求離開
　遊戲室去飲水機喝水。十分鐘後，小孩要求再去喝水。
　（限制：每個單元可以去喝一次水或上一次廁所。）

A _____

C _____

T _____

7.描述一個在遊戲單元中你會設限的狀況。

A ＿＿＿＿＿＿＿＿＿＿＿＿＿＿＿＿＿＿＿＿＿

C ＿＿＿＿＿＿＿＿＿＿＿＿＿＿＿＿＿＿＿＿＿

T ＿＿＿＿＿＿＿＿＿＿＿＿＿＿＿＿＿＿＿＿＿

📖問題討論

兒童從治療師的設限中學到了什麼？這個兒童感覺如何？

📖檢視錄影並省思

檢視一個遊戲治療單元的錄影，傾聽並觀察設限。ACT模式是否被使用？如果此模式的三個步驟的某一個部分沒有使用，這如何影響兒童的反應？

📖檢視錄影帶並省思

錄下你和一個兒童的遊戲治療單元，檢視錄影並傾聽設限，找出你沒有使用ACT模式設限的片段。用下列的格式來記錄反應。

小孩：小孩說的話或做的事。

治療師：你的反應或註明沒有反應。

更正的反應：你希望你當時應該有的反應。

更正反應的原因：解釋為什麼更正的反應是較有效，或解釋對兒童的影響。

什麼是你運用這個技巧的優點？什麼是你想加強或改變的？關於使用這個技巧，你有什麼問題？

無效及有效使用ACT模式設限的範例

背景資訊

　　珍娜的媽媽，蘇，帶五歲的珍娜來做遊戲治療。蘇表示她很難「讓珍娜聽她的話」。蘇解釋珍娜時常發脾氣，她發脾氣時會尖叫哭喊很久、在房間裡到處亂丟玩具，還企圖打她巴掌。

與珍娜的第二次遊戲治療單元摘要

孩　子　「我不喜歡這些恐龍。」（聲調聽起來很生氣）珍娜拿
　　　　起恐龍把它丟到房間的另一邊。然後她抓著塑膠棒開始
　　　　打恐龍。大約打了恐龍十次後，珍娜拿起恐龍把它丟往
　　　　玻璃窗戶。

治療師　「珍娜，我不可以讓你拿恐龍丟窗戶。它很貴而且會
　　　　破。」

評　論　治療師說她不能讓珍娜拿恐龍丟窗戶。這個說法傳達了
　　　　治療師要為強制珍娜可以做什麼和不能做什麼而負責。
　　　　治療師並不是要珍娜為自己的行為負責。
　　　　治療師也沒有指出珍娜生氣的感覺。確認珍娜的感覺幫
　　　　助珍娜覺得被瞭解，和幫助在珍娜及治療師之間建立一
　　　　個信任的關係。治療師也想傳達珍娜的感覺是重要的訊
　　　　息。透過口語指出珍娜生氣的感覺，治療師幫助珍娜增
　　　　加對自己感覺的個人覺察，也幫助她學習辨認她的感覺
　　　　及學習以口語向他人表達感覺。

評　論　治療師並沒有提供一個可行的選擇讓珍娜可以表達她的憤怒。讓珍娜知道有另一種方式可以讓她表達憤怒，治療師提供一種方法讓珍娜可以在維持遊戲室安全的環境下滿足她的需要。

其他的資訊

　　在和珍娜的媽媽蘇做家長諮詢時，蘇表示珍娜常常不聽話，她也被許許多多的要求弄得疲憊不堪。蘇解釋她常常試著忽略珍娜的行為，例如，蘇表示雖然珍娜不可以在晚餐前吃餅乾，但她會一直要求要一塊餅乾。蘇最初會說「不」，然後開始忽略她的要求。珍娜重複地要求幾次後，蘇告訴治療師「我放棄了，而給珍娜一塊餅乾」。珍娜學會如果她重複地要求，她會得到餅乾。

　　治療師瞭解珍娜可能會挑戰限制，及在遊戲室經驗到遵從限制的困難。治療師的目標是提供一個保護珍娜、治療師、遊戲室和遊戲室器材的安全環境。治療師也要能辨認珍娜的感覺，並提供另一個可行的方式讓珍娜表達自己。治療師想幫助珍娜在不會覺得自己被拒絕的情況下學習自我控制。

更正的反應

孩　子　「我不喜歡這些恐龍」（聲調聽起來很生氣）珍娜拿起恐龍把它丟到房間的另一邊。然後她抓著塑膠棒開始打恐龍。大約打了恐龍十次後，珍娜拿起恐龍把它丟往玻璃窗戶。

治療師　就當珍娜撿起恐龍要把它丟到房間的另一邊時，治療師
　　　　立刻使用ACT模式設限。「珍娜，你聽起來對恐龍很生
　　　　氣。玩具不是用來丟的。你可以用黏土做成恐龍然後用
　　　　手壓碎它。」

　　在這個例子裡，治療師用ACT模式來指出珍娜的感覺、表達
限制、和提供了另一個可行的選擇。

指出感覺　「你聽起來對恐龍很生氣。」

表達限制　「玩具不是用來丟的。」

提供另一　「你可以用塑膠黏土做成恐龍然後用手壓碎它。」
個可行的
選擇

評　　論　首先，治療師立刻指出珍娜生氣的感覺。這幫助珍娜
　　　　察覺生氣的感覺和學習到將它口語化。透過清楚地
　　　　表達限制「玩具不是用來丟的」，治療師幫助珍娜學
　　　　習遊戲室的原則，並提供她機會來接受自己行為的責
　　　　任。最後，治療師提供另一個不會傷害自己、他人、
　　　　遊戲室、或其他器材的可行選擇，讓珍娜表達生氣。

個案實例練習

✏ 寫下治療師設限的反應

在你寫下對每個狀況的反應後，翻到下一頁，比較你的反應和治療師應如何反應的建議。在你寫下你的反應前，儘量不要去看治療師應如何反應的建議。

小　孩（小孩看起來很興奮。她走向畫架，用畫筆沾了黃色顏料開始畫地板瓷磚。）

治療師 _____

小　孩（凱莉站起來，看看治療師，然後用畫筆沾了紅色顏料，彎下腰開始畫地板瓷磚。）

治療師 _____

小　孩（凱莉的面部表情看起來很生氣，她把畫筆丟向畫架，然後走到沙箱旁。）

治療師 _____

小　孩 我很生氣。我不喜歡你。我現在要離開去找我媽媽。

治療師 _____

小　孩 你又不是我媽媽，你不可以告訴我要做什麼。（走向畫架，握住紅色顏料罐然後開始把它倒進沙箱裡。）

治療師 _____

小　孩 （凱莉挖了紅沙把它放進水桶裡。她再倒了點紅色顏料在水桶裡將它們混合。）我想要把它倒到你頭上，你這裡有太多規則了。

治療師 _____

小　孩 真的嗎？……好吧！現在，真有趣。（把水桶倒乾淨然後走到水槽。看看治療師並微笑。）我要洗手。（凱莉把手放進水槽，笑著，開始把水灑在地上和靠近水槽的牆上。）

治療師 _____

小　孩 你一點都不好玩。難道我不能要做什麼就做什麼嗎？（走到架子那裡，撿起可發射子彈的塑膠槍、裝子彈、然後對準治療師。）安靜！

治療師 _____

小　孩 （繼續把裝了子彈的塑膠槍對準治療師並發射）沒有人可以指揮我。我媽也不行。

治療師 _____

小　孩 我不喜歡遵守規則。（凱莉把槍再裝了子彈又射了治療師）沒有人可以指揮我。我媽也不行。

治療師 _____

範例：治療性的設限

小　　孩	（小孩看起來很興奮。她走向畫架，用畫筆沾了黃色顏料開始畫地板瓷磚。）

小　　孩　（小孩看起來很興奮。她走向畫架，用畫筆沾了黃色顏料開始畫地板瓷磚。）

治療師　凱莉，你似乎很興奮地要畫地板，但是地板不是用來畫的，紙是用來畫畫的。

小　　孩　（凱莉站起來，看看治療師，然後用畫筆沾了紅色顏料，彎下腰開始畫地板瓷磚。）

治療師　凱莉，我知道你真的很想要畫地板，但是地板不是用來畫的，畫架上的紙是用來畫畫的。

小　　孩　（凱莉的面部表情看起來很生氣，她把畫筆丟向畫架，然後走到沙箱旁。）

治療師　我說地板不是用來畫的讓你很生氣。

小　　孩　我很生氣。我不喜歡你。我現在要離開去找我媽媽。

治療師　你很生氣，所以希望馬上就走。但是我們今天的時間還沒結束。我們還有四十分鐘在遊戲室的時間，然後你就可以去找你媽媽。

小　　孩　你又不是我媽媽，你不可以告訴我要做什麼。（走向畫架，握住紅色顏料罐然後開始把它倒進沙箱裡。）

治療師　你真的很生氣。顏料不是用來倒進沙箱裡的。顏料和沙可以放進玩沙的水桶裡混合。

小　孩　（凱莉挖了紅沙把它放進水桶裡。她再倒了點紅色顏料在水桶裡將它們混合。）我想要把它倒到你頭上，你這裡有太多規則了。

治療師　你真的對我很生氣。你不喜歡這裡的規則，可是沙不是用來倒在我頭上的。你可以把紅沙倒到垃圾桶，然後假裝你正在把它倒在我頭上。

小　孩　真的嗎？……好吧！現在，真有趣。（把水桶倒乾淨然後走到水槽。看看治療師並微笑。）我要洗手。（凱莉把手放進水槽，笑著，開始把水灑在地上和靠近水槽的牆上。）

治療師　凱莉，你喜歡把水灑得到處都是，但是水是留在水槽裡的。你可以假裝你正在把水灑得到處都是。

小　孩　你一點都不好玩。難道我不能要做什麼就做什麼嗎？（走到架子那裡，撿起可發射子彈的塑膠槍、裝子彈，然後對準治療師。）安靜！

治療師　我不是用來被槍射的。你可以射在不倒翁拳擊娃娃上，假裝它是我。你很厭煩聽到我說那些事情不能做。

小　孩　（繼續把裝了子彈的塑膠槍對準治療師並發射）沒有人可以指揮我。我媽也不行。

治療師　（治療師用手去擋塑膠鏢彈）你不喜歡有人告訴你該做什麼事，可是我不是用來被槍射的。你可以射在拳擊娃娃上，假裝它是我。

小　孩 我不喜歡遵守規則。（凱莉把槍再裝了子彈又射了治療師）沒有人可以指揮我。我媽也不行。

治療師 凱莉，如果你選擇射在拳擊娃娃上或牆上，你就選擇繼續玩子彈玩具槍。如果你選擇繼續用子彈玩具槍射我，你就選擇今天不再玩子彈玩具槍。

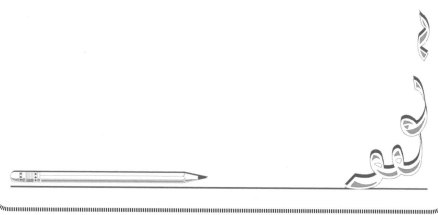

第十一章
瞭解治療反應、遊戲行
為、協助療癒與結案

提升治療性反應

1.簡要的反應

• 簡要的反應比冗長的反應容易回應。

2.互動式的反應

• 互動式的反應像交談一樣，聽起來較自然及真誠。

3.適當頻率的反應

• 太頻繁的反應，兒童可能會覺得無所適從。
• 太貧乏的反應，兒童可能會覺得被監視。
• 適當頻率的反應聽起來會是自然的，而且是交談式的。

4.立即而自然的反應

• 立即的反應增加兒童對他／她現在感覺、行為或經驗的察覺。
• 延遲的反應可能鼓勵兒童繼續某一個兒童已經準備好要停止的行為。

其他的原則

1.當對兒童做反應時，用「你」這個字開始而不是用兒童的名字。

(1)用「你」這個字個人化了訊息。
反應：你喜歡畫這幅畫。

(2)用兒童的名字將兒童非人化。

反應：羅伯喜歡畫這幅畫。

2. **遊戲單元中兒童引領方向。儘量避免問問題、回答問題，或教導兒童。**

(1)成人通常是在「專家」的位置。兒童尋求成人的指引、同意及答案。在遊戲單元中，成人不是老師的角色或是改正兒童反應的人。遊戲單元中，兒童可以不被指正地叫「長頸鹿」為「馬」。

(2)兒童可以五加一得到答案七。此外，兒童可以選擇兒童決定的方式來拼字，這是一個接納及有允許性的環境。兒童可以在遊戲室外學拼法和加法。

3. **當對兒童做反應時，用「你」這個字而不是用「我們」。**

「當我們畫不滿意時，有時候我們會很氣惱。」
這並沒有聚焦在兒童身上。
而是：「當你畫不滿意時，有時候你會很氣惱。」

4. **指認兒童的感覺**

未指認兒童的感覺可能會被兒童解釋成這種行為是不被接受的。辨認兒童的感覺幫助兒童自我辨認和表達感覺。

瞭解兒童的遊戲主題

遊戲主題

什麼是遊戲主題？

遊戲主題是指兒童透過遊戲來表達內在情緒動力（inner emotional dynamic）。她可能藉著重複特定的遊戲行為、不一樣但有相似意義的遊戲，或重複地述說同一個故事、事件，來處理情緒性的經驗。以下是在兒童遊戲中一些常見的主題。

一、探索

當兒童剛進入一個新環境，他們會花一些時間熟悉環境。他可能會在遊戲室中簡短地從一個玩具玩到另一個。

二、建立關係

兒童和治療師建立的關係可能是他和其他大人建立關係方式的指標。他可能會試著尋求讚賞、操控治療師、合作或競爭。他也可能測試界線，以學習在這個特別的環境和與治療師在一起的方式。

三、熟練／培養能力（Mastery/Competence）

兒童每天都在努力發展新的能力。在遊戲治療室，兒童可能會透過玩積木、藝術創造、套圈圈、打保齡球，或是其他的運動器材來提升自己的技巧，並且發展出一種熟練感。在學業上遭遇到困難的兒童，也許會用黑板寫下拼字或數學算式，來表達在她

的學習環境中所遭遇的困難或挫折。她可能透過展現她知道如何拼的字及她知道答案的算式，來顯示她的能力。

四、力量／控制

兒童可能會處於他覺得是無力的環境或狀況中。在遊戲室中，兒童可能透過把「壞人」鎖起來並且把他關到監牢裡，讓自己覺得運用了自己的力量。他可能扮演老師、校長，或是一直處罰小孩犯錯行為的家長。兒童在有些成人身旁時會覺得很無力，他可能會使用這些大人用在他身上的話語。

五、安全及安全感（Safety and Security）

兒童可能會希望從成人和在周遭環境中獲得身體安全的感覺或心理安全感。例如，重複觀看龍捲風災後新聞報導的兒童，可能會演出防範龍捲風措施及躲到安全地方的遊戲；另一個兒童可能會操控成人來獲得他想要的東西，結果，他覺得比成人還有力量及不安全。他可能會為治療師製造機會來設限及創造一個在遊戲室外他所需要安全與安心的環境。

六、撫育（Nurturance）

兒童可能會透過在廚房準備餐點、抱著照顧洋娃娃，或用醫藥箱來照顧生病或受傷的人，來演出被撫育的需要。

七、攻擊／報復

兒童可能會對填充動物、拳擊袋或是治療師表達攻擊性。有些新手遊戲治療師對於年幼的兒童所展現的攻擊性強度大吃一驚。指認兒童的感覺與只在她傷害自己、治療師、破壞玩具或遊

戲室時才設限是很重要的。

八、死亡／失落／悲慟

　　兒童可能會因搬家、轉學、父母離婚、和家人分離、親人朋友或寵物的去世而經驗失落和悲傷。兒童可能會有一些表達失落和悲傷的方式，包括藝術創作、在沙箱裡埋娃娃／物品，及玩辦家家酒。

九、性化

　　被性虐待或是曾接觸過色情刊物影片的兒童可能會展現對性議題太過高度的興趣，或透過藝術創作、討論和辦家家酒，表達被性侵的情節。

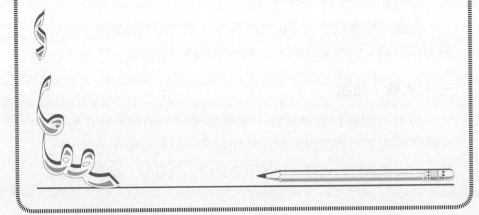

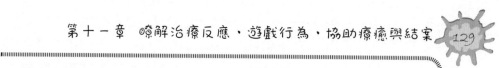

 ## 治療改變與療癒

透過提供核心條件與使用本手冊的治療反應，經由下列方式提升了兒童的能力：

1. 遊戲治療師提供一個關心、同理和安全的環境。兒童經驗接納、正向關懷和尊重。遊戲治療師傳達：「我在這裡。我聽得到你。我瞭解。我關心。我相信你。」

   • 有些遊戲治療師低估了治療關係的力量。

   • 兒童有多常會有成人完全的傾聽、展現對兒童世界持續的興趣、善解人意、不批判或引導兒童，或讓兒童做他們自己能力可以完成的事？

2. 「促進做決定和自我負責」的治療反應幫助兒童學習在不立即尋求協助的狀況下，自動自發、做決定和解決問題。

3. 「建立自尊」反應鼓勵兒童辨認自己的長處和內化「我是有能力的」這個訊息進入自我概念。藉由內化這個訊息，她學會尊重自我和辨認自我的特殊長處及能力。她也發展了自我的內在評價，及較不可能去做為了要受到他人的讚美和肯定為目的的行為，反而會尋求自我的肯定、覺得自豪，以及接受自我。

4. 反映及指出兒童感覺的治療反應，傳達了對兒童及其感覺的接納。被教導為有些感覺是不適宜的兒童，可能會無法感受到這些感覺。他可能停止感受情緒，並認為某一特殊感覺的情緒表達讓他變軟弱或不被接受。透過反映感覺，

遊戲治療師幫助兒童察覺自己的感覺及辨認表達自己的感覺。在這個過程中，兒童學會用不傷害自己或他人的方式表達感覺。

5.設限的ACT模式幫助兒童內化她自己的行為原則。治療師提供給兒童訊息、選項以及做決定的機會，而不是告訴兒童去做什麼。例如，治療師提供給兒童訊息（牆壁不是用來寫的）及提供滿足她的需要另外可行的途徑（紙是用來寫的）。

這個模式免除了成人和兒童間可能的權力爭奪。相信兒童應該永遠聽話，遵守指導的成人經常會對不願意接受其意見的兒童感到很挫折。

「不要畫牆壁」這樣的說法對某些兒童而言，刺激了他們想知道一旦他們在牆上寫東西會發生什麼事的渴望。以這樣方式被教導的兒童只學會她需要在有人監督時才守規矩。

ACT模式及給予選擇模式鼓勵兒童做決定和發展自我設限的能力。此外，在有些兒童生活中的成人也許很放縱他們，並沒有提供很多規範。限制幫助兒童，覺得他是在一個安全、有一致性及安心的環境。

結　案

評估兒童療癒的進展

○成長與改變是緩慢的過程。
○觀察兒童在遊戲室內的改變。
○觀察第一次改變的發生。

　例如：佩蒂五個單元都畫了龍捲風。第六單元，也是第一次，她畫了她和她的朋友在遊戲場跑來跑去的畫，而不是畫龍捲風。

兒童何時準備好結束遊戲治療？

　觀察兒童行為上自發性的改變，可用來評估兒童是否準備好結束治療關係。

顯示兒童已經準備好結束治療關係的自發性改變
（Landreth, 2002）

1. 兒童較不依賴並可以將重心放在自己身上。
2. 兒童直接開放地表達需要而且較不迷惑。
3. 兒童接受為自己的感覺和行為負責。
4. 兒童適當地控制自己的行為。
5. 兒童較自我指引及有自信地進行活動。
6. 兒童較有彈性及容忍度。

7. 兒童是合作的；但不是唯唯諾諾的。

8. 兒童從負面難過的情緒轉向成快樂愉悅的情緒。

9. 兒童有能力玩出遊戲情節；遊戲有方向。

10.兒童較接受自我。

結束治療關係

○兒童需要大約二至三單元的時間來探索結束治療及治療關係的感覺及擔心。

○應該讓兒童參與何時結束治療的決定過程。

○一旦決定結束治療，治療師會在每次單元最後提醒兒童。

喬許，我們還有兩次一起在遊戲室的時間。

喬許，我們還有一次一起在遊戲室的時間。

喬許，這是（目前）我們一起在遊戲室的最後一次。

第十二章
教導父母幫助孩子發展
自我控制和自我規範之
方法

在兒童接受遊戲治療期間，遊戲治療師會定期與父母進行親職諮詢。許多父母要求能夠獲得相關資訊，以幫助他們的孩子發展自我控制和自我約束。以下的資訊能夠有效地協助父母學習新技巧，以管教他們的孩子。

二選一之給予選擇

給予選擇之基本原理

提供孩子適齡的選擇，即是給予孩子機會去做決定，並為其所做的決定負責任。

當孩子被懲罰（責打）時

過於快速地責打或責罵孩子，會使得孩子來不及發展是非觀念。

當孩子必須做決定時

當給予孩子選擇時，他會一直思考該做什麼決定；做決定的過程會持續一整天。這個過程能夠幫助孩子發展是非觀念。

假設孩子一生中都被告知該做的事，他要等到何時才學會做決定及自我負責呢？

孩子必須學習接受他們做的決定所產生的後果。

✏️ 假設成人總是干涉孩子的事務、為孩子解決衝突或處罰孩子，孩子能學習到什麼？

1.如果我們失控了，爸爸或媽媽就會來制止我們。
2.或者，我們要孩子學習自己做決定，讓孩子變成自我負責、自我控制，及學習控制衝動。

✏️ 二選一給予選擇之範例

父母的目標：使八歲女兒在晚上八點前完成回家作業。
父母的反應：「妳可以選擇在放學後寫完功課，或是選擇在晚飯後馬上寫功課。」

✏️ 給選擇的原則

1.決定什麼是最重要的，一次只讓孩子做一個選擇。一次做數個選擇可能會讓孩子不知所措。
2.給予年幼孩子較小的選擇，給予年長孩子較重大的選擇。

奧利奧餅乾的範例：取材自Garry Landreth之影片「孩子、餅乾，與選擇：一個創新的管教方法」。

三歲的孩子抓起滿手的餅乾，準備要吃掉這些餅乾。

選擇：你可以選擇吃一塊餅乾，把剩下的餅乾放回去；或是你可以選擇把全部的餅乾放回去。你要選擇哪一個？

如果孩子反對做選擇

我知道你想要吃二塊餅乾，但是吃二塊餅乾不是選擇。你可以選擇吃一塊餅乾，或是你可以選擇把全部的餅乾放回去。你要選擇哪一個？

如果孩子再次反對做選擇

如果你不選擇，就是選擇讓我來決定。你要選擇吃一塊餅乾，或是把全部的餅乾放回去？（耐心等待孩子決定）我知道你已經選擇讓我來決定，我選擇你把全部的餅乾放回去。

練習（二選一之給予選擇）

1. 艾瑪手裡拿著很多糖果。艾瑪的父母要她最多吃二顆糖果。

   艾瑪，妳可以選擇＿＿＿＿＿＿＿＿＿＿＿＿＿＿＿，
   或是妳可以選擇＿＿＿＿＿＿＿＿＿＿＿＿＿＿＿。

2. 莎拉放學回家後就拿著一大袋洋芋片，坐著看電視。莎拉的父母要她在晚餐前二小時內都不要吃東西。

   艾瑪，妳可以選擇＿＿＿＿＿＿＿＿＿＿＿＿＿＿＿，
   或是妳可以選擇＿＿＿＿＿＿＿＿＿＿＿＿＿＿＿。

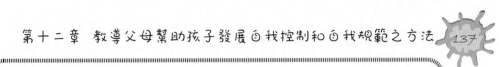

當給予選擇時

　　重要的一點是，當父母陳述給予選擇時，聲音語調要能不流露情緒。若父母使用給予選擇時顯露出生氣或挫折情緒，可能會讓孩子發現父母正陷於親子間的權力競爭之中，孩子就可能以操控和耗弱父母的方式，來達到為所欲為的目的。

　　有些孩子會在不能為所欲為時尖叫或哭泣；若孩子表達這些負向情緒時，父母就對孩子讓步，就會讓孩子學會以尖叫或哭泣的方式來達到他們的目的。

做為後果之給予選擇（取材自Garry Landreth之影片「孩子、餅乾，與選擇：一個創新的管教方法」）

✐ 當孩子不收拾玩具時

問題：孩子履次不收拾玩過的玩具，讓父母感覺挫折。

應被取代的方法：聽取每個孩子對於發生事件的意見，在孩子之間做協調，及嘗試為孩子解決衝突。

獲得孩子的注意力：我們現在要制定一項新的重要規定，就是……

✐ 陳述選擇的二個部分

1. 你選擇收拾房間的玩具，你就選擇晚上可以看你喜歡的電視；
2. 你選擇不收房間的玩具，你就選擇晚上不看你喜歡的電視。

✐ 對在車上吵架的孩子們，使用給予選擇

1. 我們現在要制定一項新的重要規定，就是：
2. 你們選擇收拾不在後座吵，你們就選擇今天可以看電視；
3. 你們選擇吵架，你們就選擇今天不看電視。

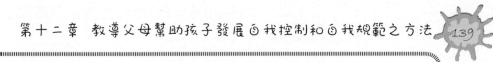

✏️ **練 習**

瑪姬負責一週倒垃垃二次，但是她時常忘記倒垃圾。

_____，你選擇倒垃圾，你就選擇_____；

你選擇不倒垃圾，你就選擇_____。

同時使用「正向」陳述和「負向」陳述。

只使用負向陳述：
瑪姬，妳選擇不倒垃圾，你就選擇晚上不能使用電話。

使用「正向」陳述和「負向」陳述：
瑪姬，妳選擇倒垃圾，你就選擇晚上可以使用電話；
妳選擇不倒垃圾，你就選擇晚上不使用電話。

📖**問題討論**
● 為什麼同時使用正向和負向陳述很重要？
● 同時使用正向和負向陳述很重要，與只使用負向陳述有何差別？

練 習

　　麥迪遜玩完遊戲後，將玩具留在房間地上沒有收拾。

　　_____　，你選擇　_____　，你就選擇　_____　；

　　你選擇不　_____　，你就選擇不　_____　。

　　家中規定晚上八點前完成回家作業，十歲的米奇在晚上七點三十分時仍在外面玩不寫功課。到了晚上八點，米奇喜愛的節目就要開始了，而他仍有二項作業還未完成。

　　_____　，當你　_____　；
　　_____　。
　　當你　_____　；
　　_____　。

　　吉娜負責每天晚餐後遛狗，但是她經常忘記。玩電動是吉娜在晚上最喜愛的活動之一。

　　_____　，當你　_____　；
　　_____　。
　　當你　_____　；
　　_____　。

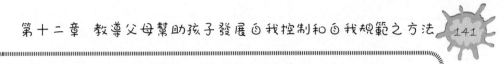

多明尼克負責在夏季時除草，而且應該在週一或週二時除草。但是多明尼克總是得在多次的口頭提醒後，才會在週四或週五除草。多明尼克喜歡每天下午到社區游泳池游泳。

_____，當你_____；
_____。

當你_____；
_____。

做決定的那一刻就做了承諾

孩子必須學習在他們做決定的那一刻，他們就做出了承諾。

舉例：羅曼諾把鞋子丟在客廳

1. 羅曼諾，當你選擇把鞋子放在房間衣櫃，你就**選擇**看芝麻街。
2. 當你**選擇**把鞋子丟在客廳，你就**選擇**不看芝麻街。
3. 羅曼諾把鞋子丟在客廳，看見媽媽來了，才匆忙拿起鞋子放進房間衣櫃。
4. 羅曼諾，我想我知道你在想什麼……但是，當你**選擇**把鞋子留在客廳地板上的時候，你就已經**選擇**了不看芝麻街。

> 📖**問題討論**
> 　　如果羅曼諾只要趕緊把鞋子從地上撿起來，就可以看芝麻街，他會學到什麼？

✏ 練 習

羅曼諾依舊把衣服和鞋子丟在客廳，他的媽媽要他把衣服和鞋子等東西收進房間。請使用給予選擇。

_____

_____

_____

_____

羅曼諾急忙拿起他留在客廳的東西，要把它們拿進房間。

_____，我想我知道你在想什麼，但是，_____

_____

_____

✏ 寫下你自己的例子

寫出一個在你童年時發生在家裡的事件，在此事件中，你的父母希望你能變得獨立，並為某種行為負責任。

情　　境：_____

_____

正向選擇：_____

_____

負向選擇：_____

_____

特殊兒童議題的遊戲治療

在本書「特殊兒童議題的遊戲治療」部分中，描述兒童接受遊戲治療的六種不同的兒童問題。文中的摘錄取材自不同的遊戲治療單元，摘錄的右欄記述了對於治療反應的評論。

「原始互動」的部分描述一系列治療師與兒童的互動中需要改善之處；右欄的評論描述治療過程，以及討論遊戲治療師的治療反應特性的幾個問題。

「更正互動」的部分示範有效的治療反應，並提供評論以討論治療師與兒童間的互動；另外，評論也解釋有效的治療反應的原理。

第十三章
個案研究：學校行為問題

四歲的麥可由母親瑞秋帶來接受遊戲治療。瑞秋表示，幼稚園老師多次打電話向她抱怨麥可在學校的偏差行為。瑞秋最近和麥可的老師會面，老師告訴瑞秋，麥可用玩具丟小朋友，又用髒話罵班上同學。上星期老師處理麥可的問題行為時，麥可將椅子摔到數呎遠的地方，又將桌子推倒在地上。

瑞秋向治療師說明麥可的狀況，她和麥可在家中的相處並沒有困難，雖然麥可有時會挑戰她對零食和上床時間的規定，但是他大致上行為良好。瑞秋也陳述了麥可準備上學時會有穿衣服拖拖拉拉的問題。

第一次遊戲治療單元之摘錄

學習目標：遊戲治療師能夠放鬆並適當地跟隨兒童的引導。

在第一段的摘錄中，治療師錯失機會，未能以跟隨兒童引導的方式來參與孩子所邀請的遊戲。在更正的摘錄中，治療師能夠跟隨兒童的引導，而對兒童的經驗獲得較高的瞭解；另外，更正的摘錄也呈現出兒童與治療師之間建立了較好的關係。

原始互動

摘錄#1：在下列的治療單元摘錄中，治療師沒有跟隨孩子的引導，未能在孩子的要求下參與遊戲。

治療師	嗨！麥可。我是哈瑞頓小姐。你的媽媽有告訴你今天要來這裡的事嗎？	治療師向麥可自我介紹。
麥　可	有，她說要我在學校少惹一些麻煩，她說妳會幫忙我學習控制自己。	
治療師	這是我們的遊戲室，在這裡，你可以做很多不同的事。	治療師向麥可介紹遊戲室。
麥　可	（安靜地四處張望）	孩子不確定自己被期待做什麼。許多兒童不習慣被給予主導的機會，及指導自己的行動和經驗。
治療師	我注意到你在到處看看，看遊戲室裡的每一樣東西。	使用的反應為「你在到處看看、看遊戲室裡的每一樣東西」。應去除「我注意到」，此反應是將焦點放在治療師而非孩子。
麥　可	這個房間好棒！這些玩具都是讓我玩的嗎？（興奮的語調）	
治療師	你很興奮可以用這裡所有的東西。	治療師反映麥可的興奮情緒。反映情緒指認出麥可的情緒，並幫助麥可學習辨識和溝通他的情緒。

麥　可	（麥可走向櫃子，拿起二支劍，給治療師一支劍。）跟我一起玩劍。	
治療師	我選擇不要和你玩用劍對打。你可以用劍和不倒翁拳擊袋對打。	治療師擔心若她參與攻擊活動，孩子會因而學習到攻擊他人是可被接受的行為。然而，治療師不參與孩子的遊戲可能會讓孩子覺得被拒絕，並且對治療師有不確定感。
麥　可	（麥可走向不倒翁拳擊袋，用劍擊打它數下。麥可看起來很無聊，沒有表現出生氣或攻擊情緒。麥可將劍放在地上，走到櫃子邊，拿起繩子。）來！你拿這邊，我拿另一邊。	治療師對於容許攻擊行為的擔憂阻礙了她與麥可發展關係的能力。麥可再次嘗試與治療師有肢體互動，並與治療師建立關係。
治療師	好，我拿這邊。	治療師藉著口語表達（針對內容作反應）及手握繩子的行動，來回應孩子的要求。
麥　可	你現在用力拉，我也用力拉，就像拔河一樣。我要把你拉到我這邊來。（很好玩的語調）	孩子期待造成治療師「在他這一邊」的結果。

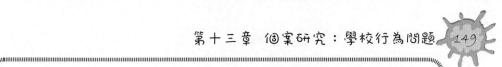

治療師	我不喜歡玩拔河。我們來玩別的遊戲，玩一些不會讓我們發生衝突的遊戲。	治療師再次解釋，參與兩人之間會有衝突的遊戲會讓她覺得不舒服。治療師使用了「衝突」的字彙和概念，是孩子所不瞭解的。
麥 可	衝突是什麼？	麥可需要明白治療師所說的「衝突」是什麼意思。
治療師	就是二個人不能和好相處。	治療師解釋衝突的概念。
麥 可	喔。（麥可走到畫板旁開始畫圖，背對著治療師。）	麥可的非語言行為清楚地表達了他不再嘗試主動與治療師建立關係。
治療師	你很努力地畫圖。	治療師確認麥可的努力，使用建立自尊的反應。
麥 可	（對治療師之意見無反應）	麥可嘗試過邀請治療師一起參與玩劍和拔河遊戲，以與治療師連結。但是治療師的反應讓麥可覺得被拒絕，而開始獨自玩遊戲。

✎ 更正互動

　　摘錄#2：治療師跟隨孩子的引導，能夠放輕鬆並在孩子的要求下參與遊戲。

治療師	嗨！麥可。我是哈瑞頓小姐。你的媽媽有告訴你今天要來這裡的事嗎？	治療師向麥可自我介紹。
麥　可	有，她說要我在學校少惹一些麻煩，她說妳會幫忙我學習控制自己。	
治療師	這是我們的遊戲室，在這裡，你可以做很多不同的事。	治療師向麥可介紹遊戲室。
麥　可	（安靜地四處張望）	孩子不確定自己被期待做什麼。許多兒童不習慣被給予主導的機會，及指導自己的行動和經驗。
治療師	你在到處看看遊戲室裡的每一樣東西。	指出孩子的非語言行為。
麥　可	這個房間好棒！這些玩具都是讓我玩的嗎？（興奮的語調）	

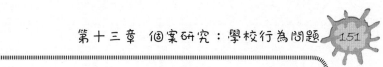

治療師	你覺得很興奮可以用這裡所有的東西。	治療師傾聽孩子的語調和肢體語言，而能準確地反映孩子的情緒。治療師反映麥可的興奮情緒。
麥 可	（麥可走向櫃子，拿起二支劍，給治療師一支劍。）跟我一起玩劍。	
治療師	（治療師握住劍，麥可拿他的劍擊打治療師的劍。）你很認真地這樣玩，而且你小心地注意我們的劍。	此反應指認孩子的努力，為建立自尊的反應。治療師不把焦點放在孩子的生氣或攻擊情緒，因為孩子的語調、臉部表情，及一般的肢體語言，都未傳達出憤怒或攻擊。
麥 可	對啊！我不想要你的劍碰到我的身體，我會被割傷。（麥可把劍放在地上，走到櫃子拿出繩子。）來，你拿著這一邊，我拿另一邊。	
治療師	好，我拿這頭。	治療師向孩子傳達了她正在跟隨孩子引導之訊息。
麥 可	妳現在要很用力拉，我也用力拉，就像拔河一樣，我要把妳拉到我這邊。（很好玩的語調）	麥可的整體情緒並未傳達憤怒或攻擊。麥可期待著讓治療師靠近他、「在他這一邊」。

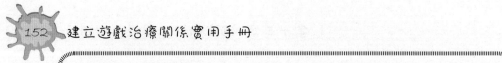

治療師	你想要我過去你在的地方。	治療師使用反映內容以指出麥可想要治療師靠近他的意圖。
麥　可	對啊！我要你過來我旁邊。	
治療師	（治療師使用悄悄話技術）你要我怎麼做？	悄悄話技術讓孩子能維持主導。
麥　可	妳不要拉得太用力，讓我可以把妳拉到我這邊來。（治療師已經坐在麥克旁邊）	治療師主動地坐在麥可旁邊，因而能夠與孩子保持眼睛平視。
治療師	你要我更靠近你一些。	指認麥可想讓治療師更靠近他的期望。
麥　可	我很強，我可以把妳拉過來到我旁邊。	孩子指出自己的力量和能力。

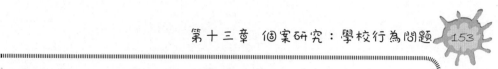

第二次遊戲治療單元之摘錄

學習目標：遊戲治療師能夠反映情緒。

本段摘錄呈現了在遊戲治療單元中辨識和反映孩子情緒之重要性。在第一段摘錄中，治療師錯失許多針對麥可情緒作反應之機會。在第二段摘錄中，治療師反映麥可的情緒，並對麥可的經驗獲得更多的瞭解。

✏️ 原始互動

摘錄#1：治療師錯失指認孩子情緒的機會。

治療單元之介紹

麥可進入遊戲室幾分鐘後，手腳著地趴在地上，在遊戲室爬行。麥可宣稱自己是一隻貓，開始發出喵喵的聲音。

麥　可	喵……喵……我是貓，我沒有家。（麥可爬到治療師旁邊，他的聲調聽起來很傷心。）	
治療師	你假裝自己是一個沒有家的貓。	治療師錯失反應麥克傷心情緒的機會。治療師必須觀察孩子的臉部表情、身體姿勢和聲音語調，以反應孩子的情緒。

麥　可	（孩子爬到治療師的腳邊，開始抓牆。）我就是貓，我沒有家。喵……喵……（假裝舔塑膠球，聲調聽起來仍然很傷心。）	
治療師	你喜歡當一隻貓。	治療師針對孩子喜歡假扮貓的事實來作反應。治療師對於孩子所表達的傷心情緒及貓沒有家的顯著訊息，皆錯過了反應的機會。
麥　可	我不要當貓了。我要畫畫。	孩子停止了這個象徵遊戲，決定進行不同的活動。
治療師	你玩完了當貓的遊戲。	治療師使用反映內容，但是未能察覺孩子覺得不被瞭解之整體訊息。

✎ 更正互動

摘錄#2：治療師反映孩子的情緒。

麥　可	喵……喵……我是貓，我沒有家。（麥可爬到治療師旁邊，他的聲調聽起來很傷心。）

治療師	聽起來你很傷心。	治療師辨識出孩子聲音中的悲傷，指認並反映他的悲傷情緒。
麥 可	（孩子爬到治療師腳旁，開始抓牆。）我是很傷心，因為我沒有家，我的家只有我自己一個人。	反映情緒導致孩子解釋傷心的原因。
治療師	你覺得孤單，想要有人陪你。	治療師預期孩子感覺孤單，反映他的孤單感受。
麥 可	對啊。但是我可以照顧我自己。（麥可爬進嬰兒床，為自己蓋上毯子。）	反映情緒促使孩子表達新的行為。
治療師	你現在找不到可以照顧你的人，所以你決定自己照顧自己。你發現一張床，你躺下來了，你又找到一條柔軟的毯子。	治療師指出孩子的口語內容、非語言行為，及因應技巧。
麥 可	對，我累了，需要休息。	孩子覺得被瞭解。

🏰 第六次遊戲治療單元之摘錄

學習目標：遊戲治療師能夠辨識出反映兒童情緒的機會，並作出反應。

本段摘錄以實例說明了在遊戲治療單元中指出並確認兒童情緒之重要性。治療師反映兒童的情緒，能使治療單元深層化，並能更瞭解麥可這個人和他的經驗。此種兒童與治療師之間的交流在下列的情形中獲得印證，即治療師若一直錯過反映麥可的情緒或娃娃的情緒的機會，遊戲治療單元的方向可能因而被改變。

✏️ 初始互動

摘錄#1：治療師錯失反映孩子情緒的機會。

治療單元之介紹

麥可進入遊戲室，四處看著各種玩具和遊戲器材。他走到櫃子前，專注地看著兩個男性軍人娃娃。

麥　可 這個娃娃好醜，他的頭髮是黑色的。（麥可以嫌惡的表情看著娃娃，然後把它丟在一邊，又拿起另一個娃娃。）這個娃娃很聰明，而且很強，它的頭髮是金色的。這個娃娃比較好。

治療師	一個娃娃很醜，另一個娃娃聰明又強壯。	治療師描述兩個娃娃的特質，但是沒有指出麥可對娃娃的喜惡。
麥 可	嗯，那個娃娃好醜。（麥可拿起黑髮娃娃走到沙箱，慢慢地開始埋它。麥可開始以娃娃的聲音說話。）我就要被埋起來了，而且被埋得很深很深。（他的語調聽起來很傷心）	
治療師	你在把娃娃埋進沙子裡，要埋得很深。	治療師錯失了指出娃娃的傷心情緒的機會。治療方向在此時開始改變。
麥 可	對，我不想要看到它。（埋完娃娃）	
治療師	你要它被藏起來。	治療師指出麥可的溝通內容，但是治療師錯失了指認麥可厭惡被埋娃娃的機會。
麥 可	（走到櫃子拿起金髮娃娃，握住娃娃直立於沙子表面，以娃娃的聲音說話。）我很快樂，我很強，我是最好的！	

治療師	（直接對著娃娃說話）你真的很喜歡你自己。	治療師針對娃娃使用建立自尊的反應，並指認娃娃對自己的正向情緒。
麥　可	我是最好的！我是最好的！	
治療師	嗯哼。	

✏️ 更正互動

摘錄#2：治療師反映孩子的情緒。

麥　可	這個娃娃好醜，他的頭髮是黑的。（麥可以嫌惡的表情看著娃娃，然後把它丟在一邊，又拿起另一個娃娃。）這個娃娃很聰明，而且很強壯，它的頭髮是金色的。這個娃娃比較好。	
治療師	你比較喜歡那個金髮又很強的娃娃，不喜歡另外一個。	治療師反映情緒和內容。
麥　可	嗯，那個娃娃好醜。（麥可拿起黑髮娃娃走到沙箱，慢慢地開始埋它。麥可開始以娃娃的聲音說話。）我就要被	

麥 可	埋起來了，而且要被埋得很深很深。（他的語調聽起來很傷心）	
治療師	聽起來你很傷心。（以傷心沉重的聲音）	治療師反映麥可的傷心情緒，並且治療師的聲音語調與麥可的傷心相稱。
麥 可	我很傷心……我快死了。我不知道該怎麼辦。（埋完娃娃）	
治療師	你快死了，你覺得無助又傷心。（以輕聲和傷心的語調）	反映情緒對許多新手治療師可能是一項挑戰。治療師回應孩子的情感狀態，使用輕聲和傷心的語調來反映情緒和內容。
麥 可	（走到櫃子拿起金髮娃娃，握住娃娃直立於沙子表面，以娃娃的聲音說話。）我很快樂，我很強，我可以做很多事。我討厭那個黑頭髮的娃娃，他是壞的……他很壞。	
治療師	你真的很喜歡這個快樂又強壯的娃娃。你討厭另外那個娃娃，你認為他是壞的。	治療師反映孩子對每個娃娃的喜惡。

麥　可	他是壞的，他從來沒有做對過任何事。	前項的情緒反映導致孩子解釋他認為娃娃是壞的之理由。
治療師	你很生氣他做錯很多事。	治療師反映孩子的生氣情緒和內容。
麥　可	對啊，他就是做錯太多事了，所以沒有人喜歡他。他很壞。	反映情緒導致孩子進一步說明「沒有人喜歡」這個娃娃。
治療師	因為沒有人喜歡他，他一定覺得很孤單和傷心。	治療師預期娃娃的傷心情緒和孤獨感，並反映這些情緒。
麥　可	只要他像那個金髮娃娃一樣，他就會有朋友了。	

第十四章
個案研究：悲傷與失落

五歲的凱莉由母親蜜雪兒帶來接受遊戲治療。蜜雪兒表示，凱莉四個月大的妹妹艾麗莎於六週前因嬰兒猝死症死亡，自從那時開始，凱莉晚上無法入睡，蜜雪兒並且說明，凱莉的食慾急遽減低，每天都因為胃痛而去學校保健室。凱莉的老師表示，在過去六週的這段時間中，凱莉變得易怒，又不遵循像從座位移動到地板圍成圈圈這樣簡單的指示；老師並且表示，凱莉會爬到她的桌子底下蜷縮著身體，且不理會老師，這些情形每天都會發生數次。

蜜雪兒說她和丈夫都已注意到凱莉的行為改變，希望凱莉能夠隨著時間回復原來的行為。

第一次遊戲治療單元之摘錄

學習目標：遊戲治療師能夠辨識出協助建立自尊和鼓勵的機會，並且能夠反映情緒和反映內容。

在初始互動中，治療師錯失協助自尊建立和鼓勵的機會，並且錯失反映情緒和反映內容的機會。在更正互動中，治療師指出孩子的非語言行為，並且在適當時機反映情緒和反映內容。

原始互動

摘錄#1：以下的摘錄中，治療師錯失協助建立自尊和鼓勵的機會，並且錯失反映情緒和內容的機會。

（以下對話開始於治療單元的第五分鐘。）

凱　莉	（凱莉試著打開玩具手銬，已經試了數分鐘。）這個東西怎麼打不開？	
治療師	妳很好奇為什麼那個玩具打不開。	治療師反映凱莉口語的內容，但是錯失指認凱莉的挫折的機會，也錯失指認她的努力與堅持的機會。
凱　莉	那就是我要知道的事。為什麼這些爛東西打不開？（凱莉將手銬丟到地板上）	
治療師	妳決定要玩其他的東西。	治療師的反應指出了凱莉作決定的能力，但是錯失反映凱莉生氣和挫折情緒的機會。
凱　莉	對，我不會玩那個玩具。	
治療師	妳正在想等一下要做什麼。	治療師的反應鼓勵了凱莉繼續採取主導地位並決定治療單元的方向。
凱　莉	（走向嬰兒娃娃，拿起嬰兒娃娃摔在地板上。）我殺死它了。（以悲傷語調）	類似像丟摔動作的一般性肢體語言看起來充滿憤怒；然而，凱莉的聲音語調顯示出悲傷情緒。此種狀況可能表示孩子正處在哀悼過程中，對於失去親人感覺到既憤怒又悲傷。

治療師 哇！	治療師錯失反映凱莉情緒和內容的機會。（治療師在督導時說明，當時她覺得震驚，而且不確定該對凱莉說什麼。）
凱 莉 （走到畫架旁開始畫畫）	凱莉快速地改變活動，從丟摔娃娃轉變為畫圖。此次遊戲中斷可能顯示出凱莉的情緒過於強烈，而需要從該項憂心的事或活動中暫停。
治療師 妳計劃好要玩什麼了，妳真的想要畫圖。	治療師指認凱莉進行其他活動的主動性和決定，此項反應促進凱莉的作決定能力。
凱 莉 （開始在紙的中央畫一個大的黃色太陽，畫眼睛和微笑在太陽上。）	
治療師 你在太陽上面畫了一個快樂的臉。	治療師指出凱莉的動作。
凱 莉 它一點都不快樂。（很快地用黑色水彩塗滿太陽）	凱莉的意見顯示出她覺得她的意圖沒有被瞭解。
治療師 你改變主意了，你決定不要讓它快樂。	治療師以口語指出凱莉的回饋，並且做出指認凱莉作決定能力的反應。

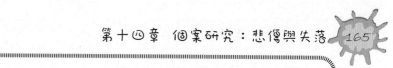

凱　莉	它永遠都不會快樂了。（以煩躁的語調）	凱莉仍然覺得被誤解，並且再次嘗試將她的意圖傳達給治療師。
治療師	喔。	治療師錯失指認凱莉煩躁情緒和意圖的機會。（治療師在督導時說明，當時她被凱莉聲音中透露的煩躁強度所驚嚇。）
凱　莉	我是說，這個太陽永遠都不會快樂了！（以憤怒的聲音語調）	凱莉對於其陳述了「它永遠都不會快樂」的意見，卻未被治療師瞭解，凱莉感到憤怒。
治療師	好吧。	治療師錯失指認凱莉情緒的機會，並錯失更正她對太陽笑臉的不正確反應的機會。

✎ 更正互動

摘錄#2：治療師反映情緒和內容，並尋找協助自尊建立的機會。

凱　莉	（凱莉試著打開玩具手銬，已經試了數分鐘。）這個東西怎麼打不開？

治療師	雖然打不開那個玩具讓妳覺得很挫折，但是妳還是一直在想不同的辦法，試著要打開它。	治療師指認凱莉的挫折情緒及她的努力和堅持。「你一直在想不同的辦法試著要打開它」為協助建立自尊的反應，此反應指認了凱莉的努力和堅持。指認兒童的努力提供了兒童可被內化的回饋；另一方面，類似像「做得好」的一般性稱讚，並沒有說出完成一項任務所需要的努力。兒童無法內化「做得好」之訊息，因為這是其他人的觀點，也不是基於描述性和事實的訊息；此類稱讚會教導兒童依賴他人的觀點（外在資源）以覺得自己很好。
凱　莉	等一下我就會想到辦法把它打開。你看！打開了。	
治療師	妳努力地想辦法妳就做到了，妳覺得很興奮。	治療師指認凱莉對於自己有能力打開手銬玩具的興奮情緒。
凱　莉	（當凱莉用手銬銬住自己時，她的情緒轉為安靜和憂鬱。）我要去坐牢了。	

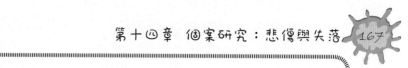

治療師	你要去坐牢了，聽起來你很傷心。	治療師注意到凱莉在肢體語言和聲音語調上的轉變。治療師指認凱莉的悲傷及她將坐牢的事實。
凱　莉	這些日子以來，每件事都讓人傷心。	
治療師	因為妳很傷心，所以很難找到讓妳高興的事。	治療師指認出凱莉難以承受悲傷情緒之狀態。
凱　莉	（脫下手銬，走向嬰兒娃娃，拿起它丟到地板上。）我殺了它。（以悲傷聲音）	
治療師	妳認為妳殺了那個寶寶，所以你覺得非常非常傷心。	治療師指認出凱莉的悲傷，及凱莉覺得必須為殺死寶寶負責。
凱　莉	我殺了寶寶，我殺了艾麗莎，我應該被關起來。（看著地板上的嬰兒娃娃）	凱莉說出艾麗莎的名字，此時她的情緒和她所關心的事已經與自己和妹妹艾麗莎的死，產生直接的連結。
治療師	妳認為艾麗莎死了，妳應該要受到責怪。	治療師指認凱莉所表達訊息的內容。
凱　莉	我本來就該被責怪。媽媽把艾麗莎從醫院帶回家的時候，我以為媽媽不愛我了，我就許了一個願望，	治療師的反映促使凱莉解釋她認為自己必須為艾麗莎的死負責的原因。

希望艾麗莎會死掉。（聲音語調聽起來憤怒又悲傷）

治療師 妳覺得很傷心，又生自己的氣。妳認為是妳許的願望殺死了艾麗莎。妳真的需要知道，媽媽是不是還愛妳。

治療師指認凱莉的悲傷和憤怒情緒，並且反映了凱莉認為自己的願望殺死艾麗莎的內容。治療師預期凱莉需要知道她的媽媽是否仍然愛她。

凱　莉 對，我不是真的想要艾麗莎死掉。（彎腰拿起嬰兒娃娃，緊緊抱住它。）我希望她還活著。

第二次遊戲治療單元之摘錄

學習目標：學習使用悄悄話技術，使孩子維持引導地位。

本段摘錄注重當兒童要求治療師參與遊戲時，使用悄悄話技術的重要性。悄悄話技術為兒童創造能夠繼續主導治療性遊戲的過程，並決定治療方向的機會。

悄悄話技術經常使用於兒童邀請治療師參與遊戲的時機。當兒童要求治療師一起玩時，治療師可使用壓低的音調說話，詢問兒童：「你想要我怎麼做？」或是「你想要我說什麼？」此技術將決定治療性遊戲方向的責任交還給兒童。

本段摘錄示範了治療師如何參與兒童遊戲的過程。在初始互動中，治療師並未使用悄悄話技術，只是猜測孩子想要他參與遊戲的方式；此過程使得遊戲方向被治療師所決定，而不再由孩子主導遊戲或是治療過程，造成由治療師決定治療方向的結果。

在更正互動中，當孩子邀請治療師參與遊戲時，治療師使用悄悄話技術來加入孩子的遊戲，如此就提供孩子繼續引導治療過程方向的機會。

原始互動

摘錄#1：治療師加入孩子的遊戲，但未使用悄悄話技術。

治療單元之介紹

凱莉進入遊戲室後十分鐘，開始玩娃娃屋和娃娃家族，她看著治療師，要求治療師和她一起玩娃娃屋。

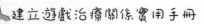

凱 莉	我想要你和我一起玩娃娃家庭。	
治療師	好啊！（治療師走向娃娃屋，在凱莉旁邊坐下。）	治療師指出凱莉要和治療師一起玩娃娃之要求。
凱 莉	這是媽媽、這是爸爸、這個是姊姊、這是小寶寶。	
治療師	我來當爸爸和小寶寶。	治療師告訴凱莉他想要扮演的娃娃角色，開始引導遊戲過程。
凱 莉	（嘆氣）好吧！那我當姊姊和媽媽。	
治療師	聽起來妳覺得失望。那妳要當其他的人嗎？	治療師辨識孩子的失望並反映此情緒。
凱 莉	不用了，這樣就好了。	

在接下來的互動中，治療師玩「爸爸娃娃」，孩子玩「姊姊娃娃」。

治療師	（治療師拿著爸爸走向姊姊）妳怎麼了？	
凱 莉	沒事。	
治療師	喔，沒事。妳真的沒事？妳到底怎麼了？	治療師注意到凱莉不對勁的地方而向她詢問。孩子想要使用不同的娃娃，但是要求治療師更換娃娃會讓她覺得不自在。

凱　莉	我不知道。	
治療師	你不確定自己有什麼不對勁。	指認孩子的不確定感。
凱　莉	對。	
治療師	（拿著小寶寶娃娃放在凱莉的姊姊娃娃前面）妳喜歡我嗎？	治療師詢問娃娃（即孩子）問題。問問題使治療師繼續處於引導地位，由治療師決定治療方向。
凱　莉	是啊，我喜歡你。	
治療師	你是真的喜歡我。	治療師反映和指認孩子口語的內容。
凱　莉	有時候啦。媽咪總是在照顧妳。	治療師的前項反映促使孩子作進一步的解釋。
治療師	那是因為我還小。	治療師沒有使用悄悄話技術，反而藉此機會來解釋媽媽需要照顧她妹妹的原因。
凱　莉	好吧，那妳快點長大！我討厭妳一直很小。	
治療師	我想要妳喜歡我。	治療師的反應使治療單元變成由治療師來決定方向。孩子不但沒有機會去探索她關心的事、情緒或經驗，反而不自覺地回應治療師的意見和反應。

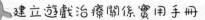
凱　莉	唉喲，我不喜歡妳。妳走開啦。	
治療師	妳希望我消失。	治療師指認孩子溝通之內容。
凱　莉	對！妳走開！（生氣的聲音語調）	
治療師	聽起來妳真的很氣我。	治療師針對孩子的生氣聲調作反應，並反映她的生氣感受。
凱　莉	對，我很生氣，妳現在就走開！	
治療師	妳很生氣。	

更正互動

　　摘錄#2：治療師加入孩子的遊戲，並使用悄悄話技術，以提供孩子主導治療過程之機會。

凱　莉	我想要你和我一起玩娃娃家庭。	
治療師	好啊！（治療師走向娃娃屋，在凱莉旁邊坐下）	治療師回答凱莉並走向凱莉和娃娃屋，以指認凱莉的要求。
凱　莉	這是媽媽、這是爸爸、這個是姊姊、這是小寶寶。	

治療師	妳在介紹家裡的每一個人。	治療師反映凱莉的口語內容。
凱　莉	對啊，你想要當誰？	
治療師	（使用悄悄話的聲音）妳想要我當誰？	治療師使用悄悄話技術，以找出凱莉想要他在此家庭中所扮演的角色。
凱　莉	我要你當媽媽和小寶寶。我當爸爸和姊姊。（看著治療師）	
治療師	（使用悄悄話的聲音）妳想要我怎麼做？	治療師使用悄悄話技術，讓凱莉有機會來創造她的故事和治療過程的方向。
凱　莉	我要你當媽媽，你要告訴姊姊妳很愛她。	
治療師	（治療師拿著媽媽娃娃走向姊姊娃娃）我要妳知道，我很愛妳，妳是我的寶貝孩子。	治療師使用凱莉前項反應中所提出的回饋和要求，來作為反應的內容。
凱　莉	如果妳愛我，為什麼妳都沒時間陪我？	
治療師	（使用悄悄話的聲音）妳想要我怎麼說？	治療師使用悄悄話技術，以發現凱莉想要治療過程繼續進行的方式。

凱　莉	妳就告訴她，照顧小寶寶得花很多時間，但是妳還是很愛她，像愛小寶寶一樣多。	
治療師	（使用媽媽娃娃來反應）小寶寶需要很多照顧。	治療師開始反應凱莉的要求。
凱　莉	（凱莉以生氣的聲調打斷治療師）我不管，有時候我討厭小寶寶，我想要像以前一樣。	
治療師	（使用媽媽娃娃來反應）我們沒有很多時間在一起，讓妳覺得生氣和傷心。妳希望現在還是只有我和妳兩個人，我就可以給妳更多的照顧和愛。	治療師沒有使用悄悄話技術來跟隨孩子的引導。治療師使用「媽媽」娃娃來回應凱莉的情緒和她的反應內容；此種作法仍然讓凱莉處於主導地位，並且反應了她的情緒和所關心的事。
凱　莉	對。那為什麼妳要再生一個小寶寶？（生氣的聲音語調）	
治療師	有時候妳真的很生氣小寶寶占據了我們在一起的時間。	治療師使用「媽媽」娃娃來反應凱莉的情緒。治療師繼續針對凱莉的情緒和內容作反應。

凱　莉　我希望它死掉！

治療師　妳很生氣，所以妳希望小寶寶死掉。

治療師使用「媽媽」娃娃來反應凱莉口語訊息中之情緒和內容。治療師並沒有評價或漠視凱莉的陳述，例如做「妳並不是真的想要小寶寶死掉」之類的批評；此類反應是向孩子傳達，她的意見是不適當的、而且不應該說出來的；因此孩子會避免再向治療師溝通她的其他情緒和想法。

凱　莉　對呀，但是不是真的死掉。我只是很想念妳，媽咪。妳還愛我嗎？

治療師　（悄悄話技術）妳想要我說什麼？

新手治療師可能會想要安慰凱莉，而使用向凱莉表達愛和欣賞的反應方式。相反地，治療師使用悄悄話技術，以確保他能夠針對孩子所表達的情緒和擔憂的事來做反應。

凱　莉　告訴我妳很愛我、我很特別。還有，告訴我妳想要多花一點時間和我在一起。

治療師	你希望我能多花一些時間陪妳。我非常的愛妳，沒有人能取代妳，對我來說，妳是很特別的。	治療師使用「媽媽」娃娃來回應凱莉對於母親是否愛她的擔憂。
凱　莉	（望著治療師，笑了。）	
治療師	妳喜歡剛才媽咪對姊姊說的話。妳感覺很好，因為妳知道自己是很特別的，而且媽媽真的非常愛妳。	凱莉的笑容是對「媽媽」娃娃的前項意見所產生的反應，治療師指出凱莉笑容的涵意。
凱　莉	（溫柔地抱著小寶寶娃娃，以悲傷的聲調說話。）我希望她還活著，但是她已經死了。我的願望沒有實現。	
治療師	妳很傷心妹妹死了，妳希望她還活著。	治療師指認凱莉的想法和情感。
凱　莉	我許的願望不能讓她活著，所以我許的願望也不會讓她死掉；這是爸爸告訴我的，我真的認為他說的是對的。	

第十五章
個案研究：手足競爭

五歲的坎卓和七歲的泰瑪拉由母親卡莎娜帶來接受遊戲治療。卡莎娜表示坎卓和泰瑪拉以前很少發生衝突，但是自從她和她們的生父於四個月前分居後，兩人之間的衝突就持續增加。卡莎娜說明姊妹之間的衝突包括了抓傷和毆擊對方，她們經常互相拉扯頭髮、用力地關房門，並且向對方丟摔衣服和鞋子；卡莎娜描述姊妹二人之間的狀況，似乎是從放學回家後就立刻開始大聲叫嚷、咒罵及打架，直到睡覺時間才停止。

　　卡莎娜表示七歲的泰瑪拉較五歲的妹妹擅於打架，因此五歲的坎卓經常哭著向媽媽抱怨，姊姊對她很兇或被姊姊毆打。卡莎娜向治療師解釋，她試過對泰瑪拉施以罰站、不准做她喜歡的事，以及禁足等處罰，但是似乎每一種處罰都無法幫助她減少接連不斷的衝突。

手足與團體遊戲治療

　　對於新手治療師而言，在協助團體遊戲治療單元時，對不同的孩子個別說話是最具挑戰性的溝通議題。

　　以下的範例將說明此項議題。

原始互動

泰瑪拉　（給妹妹坎卓一個玩具）

治療師　坎卓，她給妳一個玩具，妳覺得高興。

✏️ 更正互動

泰瑪拉 （給妹妹坎卓一個玩具）

治療師 泰瑪拉，妳想要和坎卓分享玩具；坎卓，妳很高興泰瑪拉和妳分享那個玩具。

第三次遊戲治療單元之摘錄

　　學習目標：遊戲治療師能夠學習說出每一個個別孩子所關心的事，並且學習使用ACT設限模式。

✏️ 原始互動

　　摘錄#1：在下列的摘錄中，治療師錯失反應個別孩子的情緒和所關心的事的機會，治療師也沒有使用ACT設限模式。

　　（以下對話開始於遊戲治療單元的第十分鐘。）

坎　卓 （打開醫生玩具，問泰瑪拉一個問題。）我可以看一下妳的耳朵嗎？

泰瑪拉 好啊。

坎　卓 （檢查泰瑪拉的耳朵）

泰瑪拉 不要弄了，很痛！妳壓太用力了。

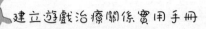

治療師	妳要她停下來。（坎卓繼續檢查泰瑪拉的耳朵）	治療師反應泰瑪拉的口語訊息或內容。
泰瑪拉	我叫妳不要弄了！（生氣地從坎卓手中抓起玩具，摔到地上。）	
治療師	妳很生氣坎卓沒有停下來。	治療師已指認泰瑪拉的情緒和口語內容；但是治療師必須同時指認坎卓的狀態，應說出：「泰瑪拉要妳停止檢查她的耳朵，但是妳不想要停止。」
坎 卓	（開始朝向治療師射塑膠槍）	坎卓用塑膠子彈槍瞄準治療師，藉此表達她對治療師之氣憤。
治療師	妳剛才生泰瑪拉的氣，現在妳也生我的氣。	治療師反映坎卓對泰瑪拉和治療師的生氣情緒。
坎 卓	（在塑膠槍中放進一個軟式子彈，瞄準治療師。）	復習Landreth (2002)所提出的ACT設限模式。當ACT的三個部分同時被運用時，ACT模式才會最有效。 1. A：治療師指認兒童的情緒，以傳達他對兒童情緒的瞭解和接納。 2. C：治療師以平靜和非批判的態度，溝通所設定的限制。

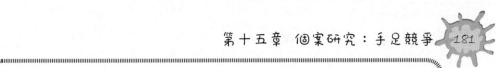

3. T：治療師提供另一種可行的途徑。

| 治療師 | 坎卓，我不是用來被子彈槍射的。 | 治療師只使用ACT設限模式的其中一部分。治療師向孩子溝通所設定的限制，卻未指認孩子的情緒或提供替代可行的行為。 |

| 坎 卓 | 我想要射你我就可以射你。 | |

| 治療師 | 坎卓，我不是用來被子彈槍射的，妳可以射其他的東西。 | 治療師再次傳達所設定的限制（C），並且提供了一個模糊的選擇（T）。治療師仍然必須指認坎卓的情緒（A），並且提供另一個特定可行的行為（T）。 |

| 坎 卓 | 好吧，那我要射泰瑪拉。 | |

| 泰瑪拉 | 坎卓，我真受不了妳，妳像個小嬰兒一樣。 | 治療師沒有針對泰瑪拉標籤坎卓為小嬰兒的敘述作反應，坎卓可能會認為治療師站在泰瑪拉那一邊。 |

| 治療師 | 坎卓，人們都不是用來被槍射的，妳可以射不倒翁拳擊袋。 | 治療師溝通所設定的限制（C），並且選定另一個特定可行的行為，讓坎卓表達憤怒（T）。然而，治療師沒有先指認坎卓的情緒 |

（A）。

先指認孩子的情緒（A）可幫助孩子感覺被瞭解，因而較可能會聽進ACT設限反應的其餘二部分。

坎　卓　（用塑膠子彈槍瞄準泰瑪拉）我才不是小嬰兒。（生氣的聲音語調）

坎卓的聲音語調表達出她對泰瑪拉罵她小嬰兒之憤怒。

治療師　坎卓，泰瑪拉不是用來被子彈槍射的，你可以射不倒翁拳擊袋。

治療師沒有反映坎卓的生氣，或提出泰瑪拉罵坎卓是小嬰兒之事實。

坎　卓　我不要射不倒翁拳擊袋，我要射泰瑪拉，我討厭她！

治療師　坎卓，雖然妳很生氣，泰瑪拉也不是用來被射的。

治療師使用了ACT模式的二部分：治療師確認坎卓的生氣（A）及傳達限制（C）；但是治療師沒有提供替代可行的行為（T）。

坎　卓　我不管，我就是要射她。（朝泰瑪拉射出一個子彈）

✏️ 更正互動

　　摘錄#2：治療師反映每一個孩子所關心的事和經驗，並且使用ACT設限模式來設定限制。

坎　卓	（打開醫生玩具，問泰瑪拉一個問題。）我可以看一下妳的耳朵嗎？	
泰瑪拉	好啊。	
坎　卓	（檢查泰瑪拉的耳朵）	
泰瑪拉	不要弄了，很痛！妳壓太用力了。	
治療師	妳要坎卓停止，不要再檢查妳的耳朵。（坎卓繼續檢查泰瑪拉的耳朵）	治療師指認泰瑪拉所關心的事，及其陳述的內容。
泰瑪拉	我叫妳不要弄了！（生氣地從坎卓手中抓起玩具，摔到地上。）	
治療師	泰瑪拉，妳很生氣坎卓不肯停下來；坎卓，妳想要繼續看她的耳朵。	治療師分別指認每一個孩子的情緒和所關心的事。
泰瑪拉	坎卓，妳不聽我說話，真讓人討厭，我討厭妳這樣！	

治療師	泰瑪拉，妳想告訴坎卓對妳很重要的事，但是坎卓不肯聽妳說，讓妳覺得生氣。	治療師反映泰瑪拉因坎卓不聽她說話而生氣之情緒。
坎 卓	（撿起聽診器）泰瑪拉，那我可以聽妳的心臟嗎？	
泰瑪拉	不要！離我遠一點。我現在不要和妳玩了！	
坎 卓	妳是小嬰兒，一個很大的小嬰兒，妳根本就沒有心臟。	
治療師	泰瑪拉，妳現在很生氣，所以不想和坎卓玩。坎卓，妳很生氣泰瑪拉不要和妳玩。	治療師以兩個獨立的陳述來反映泰瑪拉和坎卓兩人的生氣情緒，治療師要向每一個孩子傳達瞭解。
坎 卓	對，你告訴她，她一定要和我玩。	
治療師	坎卓，妳希望我能讓她和妳一起玩；但是，泰瑪拉，妳現在選擇不和坎卓玩。	治療師謹慎地指出兩個孩子的狀態；只指認其中一個孩子可能會讓另一個沒有被指認的孩子認為被治療師拒絕。治療師指出坎卓所關心的事，同時也指認泰瑪拉不想和坎卓玩的意願。

坎　卓	（從櫃子拿起塑膠蛇走向治療師，將蛇丟到治療師身上後大笑。）	
治療師	坎卓，妳生氣我沒有叫泰瑪拉和妳玩；但是，我不是用來被丟東西在身上的；妳可以用說的，說：「我生你的氣。」	治療師沒有依照坎卓之要求，命令泰瑪拉和她一起玩，讓坎卓覺得生氣；治療師指認坎卓的生氣。治療師使用了如下所述的ACT設限模式。
坎　卓	（拿起塑膠刀，做出割治療師手臂的動作，笑了出來。）	坎卓不理會治療師所提出的目標行為；相反地，她選擇以其他的活動來表達她對治療師的憤怒。
治療師	坎卓，妳很氣我；但是，我不是用來被割的；妳可以假裝不倒翁拳擊袋是我，割我在不倒翁拳擊袋上。	治療師使用Landreth(2002)所提出的ACT模式： 1. A：治療師指認坎卓的情緒，傳達他對她情緒的瞭解與接納（「妳很氣我」）。 2. C：治療師以平靜和非批判的態度，傳達所設定的限制（「我不是用來被割的」）。 3. T：治療師提供一個替代可行的選擇（「妳可以假裝不倒翁拳擊袋是我，割我在不倒翁拳擊袋

上」）。

因為在前次的設限中，治療師所選定的替代行為（使用口語陳述：「我生你的氣」）無效，所以此次治療師挑選了另外一個替代行為，以讓孩子有機會能夠藉肢體動作來釋放憤怒。

坎　卓（走向不倒翁拳擊袋，用塑膠刀在不倒翁拳擊袋身上來回地割了數下。）

二姊妹在此次遊戲單元中，繼續發生了數次的衝突。

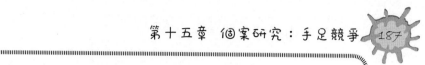

第八次遊戲治療單元之摘錄

✏ 原始互動

　　摘錄#1：在下列的摘錄中，治療師錯失了反應個別孩子的情緒和所關心的事的機會，治療師也沒有使用ACT設限模式。

　　（下列對話發生於遊戲單元開始二十分鐘後。）

泰瑪拉	（她的手肘碰撞到布偶劇台的邊緣，開始大哭和叫喊。）好痛！好痛！（傷心和生氣的聲音語調）	治療師錯過了反應泰瑪拉疼痛和生氣情緒的機會。
坎　卓	快點！打119（拿起玩具電話）。這裡是119嗎？快點來救我姊姊，她真的很痛！（看著泰瑪拉）他們快來了！	
泰瑪拉	（繼續大哭）我還是好痛！	治療師錯失反應泰瑪拉疼痛的機會。
坎　卓	（拿出醫生玩具，發出救護車的聲音。）他們已經到了！夫人，讓我來幫忙妳，妳需要一些藥嗎？	

泰瑪拉	我不要擦藥，妳走開。（挫折的聲音語調）	治療師錯失反映泰瑪拉的情緒的機會。
坎 卓	（將藥瓶放到泰瑪拉的嘴巴旁邊）	治療師沒有指出坎卓幫忙泰瑪拉的欲望。
泰瑪拉	妳離我遠一點！（生氣）	治療師沒有反應泰瑪拉的生氣情緒。
坎 卓	（坎卓生氣地推了泰瑪拉一下，然後走開。）	
治療師	人們不是用來被推的，妳可以告訴泰瑪拉說：「妳讓我生氣。」	治療師沒有指認坎卓對泰瑪拉的氣憤；治療師使用了ACT設限模式中C和T二部分的反應，但是沒有使用A部分的反應。
坎 卓	妳讓我生氣了！	治療師錯過了反應坎卓生氣情緒的機會。
泰瑪拉	（看著治療師）她又沒辦法讓我不痛。	
治療師	喔。	治療師錯過了反應泰瑪拉疼痛的機會。
泰瑪拉	我的手肘已經好一點了，我要用水冰敷。（將紙巾沾溼，放在手肘上。）	
坎 卓	太好了，她不哭了。	治療師錯失了反應坎卓的口語內容和如釋重負感受的機會。

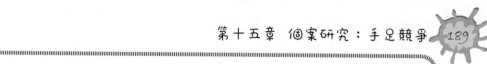

泰瑪拉 （將溼紙巾丟進垃圾桶，走到放行李箱的地方。泰瑪拉開始將衣服放進行李箱。）我在打包行李，我要離開了，我要搬到另外的房子，這個房子太髒了，而且永遠都清不乾淨。（聽起來生氣和嫌惡）

團體遊戲治療進行時，兒童之間的口語和肢體互動會迅速地發生；因此，要能夠快速插入反應以指認兒童的情緒、內容和經驗，對新手治療師而言是一大挑戰。

坎 卓 我要跟妳一起去，妳不行丟下我。（開始將衣服丟入行李箱）

泰瑪拉 好吧，妳可以跟我一起去。

泰瑪拉 嗯，這個房子又舊又髒，它清不乾淨了，因為它太髒了。現在應該要搬到其他的地方了。

治療師錯過機會，去確認孩子們的感受、內容和經驗。

坎 卓 （看著泰瑪拉）我們要去那裡？

泰瑪拉 我們要去這個城市的另外一邊，那裡有一個很好的新房子，我們可以住在裡面。上車吧，來吧，我們出發了。（發出汽車快速行駛的聲音）

坎　卓　我們到了嗎？

泰瑪拉　我們到了！妳看，這個地方又新又乾淨，我很高興我們離開了那個又髒又舊的地方。（快樂和解脫的聲音語調）

治療師　妳們兩個已經到新房子了。　　治療師指認泰瑪拉訊息的內容，但是並未反應她的情緒。

坎　卓　你知道嗎？我們爸媽離婚了，所以我們得常常換地方住。

✐ 更正互動

摘錄#2：治療師反映每一個兒童所關切的事和經驗，並使用ACT設限模式來設限。

泰瑪拉　（她的手肘碰撞到布偶劇台的邊緣，開始大哭和叫喊。）好痛！好痛！（傷心和生氣的聲音語調）

治療師　妳覺得很痛，妳也生氣妳傷到自己的手肘。　　治療師反應泰瑪拉的疼痛和生氣情緒。

坎　卓　快點！打119（拿起玩具電話）。這裡是119嗎？

快點來救我姊姊，她真的很痛！（看著泰瑪拉）他們快來了！

泰瑪拉　（繼續大哭）我還是好痛！

治療師　妳還是覺得很痛。

治療師反應泰瑪拉的情緒。

坎　卓　（拿出醫生玩具，發出救護車的鳴笛聲音。）他們已經到了！夫人，讓我來幫忙妳，妳需要一些藥嗎？

泰瑪拉　（坎卓給泰瑪拉一個塑膠藥瓶）我不要擦藥，妳走開。

治療師　坎卓，妳想幫忙泰瑪拉；泰瑪拉，妳現在不要坎卓幫忙妳。

治療師分別指出每一個孩子的個別經驗和所關心的事。

坎　卓　（坎卓生氣地推了泰瑪拉一下，然後走開。）

治療師　坎卓，妳生氣泰瑪拉不讓妳幫忙；但是，人們不是用來被推的；妳可以告訴泰瑪拉說：「妳讓我生氣了。」

治療師使用ＡＣＴ設限模式。

| 坎　卓 | 妳讓我生氣了！ | 坎卓決定使用治療師所選定的替代行為，告訴泰瑪拉她在生她的氣。 |

| 泰瑪拉 | （看著治療師）她又沒辦法讓我不痛。 | 泰瑪拉仰賴治療師能瞭解她。 |

| 治療師 | 妳還是覺得很痛。 | 治療師反應泰瑪拉正在經歷的疼痛。 |

| 泰瑪拉 | 我的手已經好一點了，我要用水冰敷。（將紙巾沾溼，放在手肘上。） | |

| 治療師 | 妳想出一個幫忙自己的方法。 | 治療師指出泰瑪拉能夠想出幫助自己的方法。（促進自我責任的反應） |

| 泰瑪拉 | （將溼紙巾丟進垃圾桶，走到放行李箱的地方。泰瑪拉開始將衣服放進行李箱。）我在打包行李，我要離開了，我要搬到另外的房子，這個房子太髒了，而且永遠都清不乾淨。（聽起來生氣和嫌惡） | |

| 治療師 | 因為妳生氣了，所以妳想要搬去不同的家住……那個家不會很髒。 | 治療師指認泰瑪拉的氣憤，及她想要住在乾淨的家的願望。 |

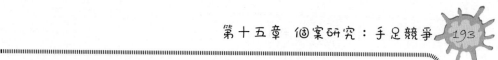

坎 卓	我要跟妳一起去，妳不可以丟下我。（開始將衣服丟入行李箱）	
泰瑪拉	好吧，妳可以跟我一起去。	
治療師	坎卓，要和姊姊在一起對妳來說是很重要的事；泰瑪拉，妳願意讓坎卓跟著妳。	治療師分別回應了坎卓和泰瑪拉的個人反應；治療師也回應了她們打包行李和搬家的共同計畫。
泰瑪拉	嗯，這個房子很舊，快垮掉了，它太髒了，清不乾淨了。現在應該要搬到其他的地方了。	
治療師	妳想要搬走，這個房子太舊，所以快垮下來了。	治療師指出泰瑪拉反應的內容。
坎 卓	（看著泰瑪拉）我們要去哪裡？	
泰瑪拉	我們要去這個城市的另外一邊，那裡有一個很好的新房子，我們可以住在裡面。上車吧，來吧，我們出發了。（發出汽車快速行駛的聲音）	
坎 卓	我們到了嗎？	

泰瑪拉 我們到了！妳看，這個地方又新又乾淨，我真高興我們離開了那個又髒又舊的地方。（快樂和鬆一口氣的聲音語調）

治療師 搬到新房子住，讓妳覺得快樂。

治療師反應泰瑪拉的快樂和鬆一口氣情緒。

泰瑪拉 我當然很快樂！

坎　卓 你知道嗎，我們爸媽離婚了，所以我們一定得搬家了。

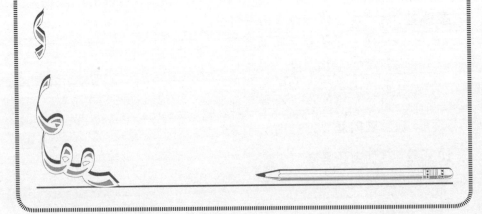

第十六章
個案研究：憤怒與攻擊

傑森是一個五歲男孩，因為家庭暴力問題而被轉介接受諮商；依據傑森母親的陳述，傑森曾經目睹父母之間的暴力行為。傑森的母親表示，傑森很難遵守指示，不能為所欲為時總是亂發脾氣；她進一步說明，傑森亂發脾氣之後，總是會感到後悔。雖然家中有家庭暴力情形，但是父母雙方目前都在接受相關服務，而兩人仍然同住家中。

在治療環境中，傑森時常拖延進入遊戲室，他對於遊戲室內所設定的所有限制都感到生氣。傑森也在遊戲治療單元中，對治療師公然地生氣和具有攻擊性。以下的摘錄為傑森的第一次治療單元。

第一次遊戲治療單元之摘錄

學習目標：遊戲治療師能夠反映孩子的情緒，並且能夠整合運用不同類型的治療反應。

在第一段初始互動的摘錄中，治療師沒有指認孩子的情緒，也沒有使用適當的設限技術。在更正互動的部分中，治療師針對孩子的情緒做反應，並且使用ACT設限模式；更正部分同時也示範了治療反應的使用如何影響治療單元的方向。

原始互動

摘錄#1：在以下的摘錄中，治療師沒有反映孩子的情緒，也沒有使用ACT設限模式。

傑　森	（將頭埋在彎曲的手臂內）我才不要去遊戲室！	
治療師	現在是去遊戲室的時間。	治療師以給予命令的方式開始與傑森互動，而非回應傑森的行為與情緒。
治療師	現在是你去遊戲室的時間，我們現在就要去遊戲室。	治療師沒有對傑森的情緒作反應，卻似乎容許自己的挫折感在他的反應中流露出來。
傑　森	（仍然使用將頭埋在彎曲手臂內的姿勢）我不想去，我也不要去。	傑森變得更固執，決定不去遊戲室。
治療師	（開始拉住他的手說）現在是去遊戲室的時間了，你跟著我，我會帶你去遊戲室。（傑森和治療師進入遊戲室，傑森開始探索遊戲室裡的玩具。）	治療師再次不回應傑森的感受，而是去控制治療單元和孩子的行動。
傑　森	我看不出來有什麼我可以玩的東西。	傑森仍然在表達他的憤怒和攻擊情緒。
治療師	你看不出來有什麼玩具是你喜歡的。	治療師使用反映內容之反應，但是沒有指認傑森的感受。

傑　森	（看見了玩具槍，似乎變得興奮。）我知道要做什麼了，我要射這把槍。	傑森終於開始玩玩具。
治療師	你可以射那把槍，但是不可以射我。	治療師在尚未有設限需要時，就先行設限；此舉是向傑森傳達了不信任的訊息，即治療師不相信傑森在關於自己攻擊他人方面，有作選擇的能力。
傑　森	（用槍瞄準治療師）我可以射你，我想要怎樣就可以怎樣！	治療師的反應再次觸發了傑森的憤怒，並且觸發了他想控制治療單元的欲望，而藉著做相反於治療師指示的事來達成目的。
治療師	如果你選擇用槍射我，你就選擇在我們剩下的遊戲時間中，不再玩這把槍。	治療師太快設定最後選擇，再次傳達出治療師不信任傑森的訊息。治療師也未能指認傑森的情緒。
傑　森	（聲音充滿了憤怒）我就是要射你！（接著他朝治療師射了一槍）	傑森的憤怒增強了。
治療師	我已經告訴過你了，槍不是用來射我的。因為你選擇了用槍射我，你就選擇了今天不再玩這把槍。	治療師未能指認傑森的情緒，而且想藉著控制傑森的行為來取得治療單元的控制權。治療師拿走玩具的舉動證實了他不相信傑

		森會遵守限制，且不相信傑森能夠以不傷害治療師或自己的方式來表達憤怒和攻擊性。
傑　森	（叫喊著）但是我還想要玩這把槍。	傑森的憤怒持續增強。
治療師	（治療師走向傑森，拿起玩具槍把它放在高櫃上方。）今天剩下的時間，這個玩具槍都會被放在櫃子上。	治療師仍然未能指認孩子的情緒。
傑　森	（握拳對著治療師）我不要把槍給你。	孩子以行動來表達憤怒和攻擊性。
治療師	（把手從玩具槍移開，留槍在櫃子上。）在今天剩下的遊戲時間裡，這個玩具槍都不是用來玩的了。	治療師在治療單元中處於控制地位。
傑　森	（用很大的聲音）我不喜歡你，我不喜歡這裡！我要回家。	孩子對於遊戲室中所發生的事件，表達他的憤怒和挫折。
治療師	離開遊戲室的時間還沒到。	治療師仍然沒有反映傑森的情緒；不反映情緒可能傳達了傑森的情緒對於治療師而言並不重要的訊息。另外，治療師的整體反應所傳達之訊息為，相

較於能夠在安全的環境中自由表達情緒，去做治療師要他做的事對傑森而言是更重要的事。

🖍 更正互動

摘錄#2：治療師反映孩子的情緒，並且使用ACT設限模式。

傑　森（將頭埋在彎曲的手臂內）我才不要去遊戲室！

治療師（彎下腰至孩子的高度）你不確定要不要去遊戲室，但是現在是去遊戲室的時間。

治療師開始與孩子互動，使用能和傑森保持水平視線的身體姿勢，以與他連結。治療師接著反應傑森的情緒，讓他明白他的情緒是重要的；治療師同時也讓傑森知道現在是去遊戲室的時間。

傑　森不要！我才不要去！

傑森繼續表達他的情緒。

治療師你真的不想要去遊戲室；但是，現在是去遊戲室的時間；你可以選擇自己走到遊戲室，或是選擇牽著我的手走到遊戲室。

治療師使用ACT設限模式，以指認傑森的情緒，並給予傑森選擇。此項作法允許傑森表達他的情緒，並且讓他開始做決定的過程，決定他要如何處理他的情緒，及治療師所提出

的選擇。

傑　森　我可以自己走！（跑向遊戲室）

雖然傑森仍在表達些許憤怒，但是他能夠在限制內做決定，因而避免了治療師和孩子之間發生權力競爭的可能性。

治療師　（跟著傑森進入遊戲室）你決定自己走進遊戲室。（傑森和治療師現在都已經進入遊戲室了，傑森開始探索遊戲室的玩具。）

治療師的反應再次讓傑森知道治療師將焦點放在他身上。

傑　森　我看不出來有什麼我可以玩的東西。

治療師　你覺得失望，因為你沒看到你要玩的東西。

反映傑森的情緒在兒童中心遊戲治療中是重要的技巧。治療師的此項反應是針對傑森的情緒做回應，能促進一種讓傑森覺得安全而能表達自我的環境。

傑　森　（看著玩具槍，似乎變得興奮。）我知道要做什麼了，我要射這把槍。

傑森開始在遊戲室內為他自己做決定。

治療師　你發現你喜歡的東西了，你知道要怎麼使用它。

治療師繼續指認傑森的情緒；治療師也對傑森知道如何使用玩具槍給予讚

許，而沒有驟下結論，認定他會以不適當的方式使用玩具槍。

傑　森	（用玩具槍瞄準治療師）我要射你。	傑森開始測試遊戲室內的界限。
治療師	傑森，我知道你想用槍射我；但是，我不是用來被槍射的；你可以選擇射門或牆壁。	治療師使用ACT模式，鎮靜地設定限制。
傑　森	（以憤怒的聲音）我就是要射你！	傑森繼續挑戰治療師所設定的限制，並且表達他的憤怒。
治療師	我知道你很生氣；但是，我不是用來被射的；你可以選擇射門或是射牆壁。	治療師使用ACT設限模式。治療師以平靜的聲音設定限制，所傳達之訊息為，他信任傑森具有為自己做決定的能力。治療師的設限態度同時讓傑森瞭解，他的生氣是可被接受的，生氣並不是做錯事。
傑　森	（把槍瞄準沙箱，扣板機。）我要射這裡。	雖然傑森似乎仍然在向治療師挑戰，但是他已經能夠做出決定，而做決定幫助他自己有控制感，並且遵守遊戲室的限制。另外，傑森的憤怒已逐漸減弱。

治療師	你發現一個可以射擊的地方，你朝那裡射出一個子彈。	治療師辨識傑森之能力，指出他能夠發現射擊玩具槍的適當地方。
傑　森	（看著沙箱中他所射出的子彈）當然囉！而且我可以再射一次。	傑森的憤怒已經消散，而被興奮情緒所取代。他似乎正與治療師連結，在遊戲室中，也開始變得較自在。
治療師	你喜歡自己射擊的樣子，決定要再射擊幾次。	治療師繼續反映傑森的情緒，並且鼓勵傑森做決定的能力。
傑　森	（放下玩具槍，開始探索遊戲室內的其他玩具。）也許這裡會有其他我可以玩的東西。	傑森現在有足夠的安全感來進一步地探索遊戲室。
治療師	你決定要玩遊戲室其他的玩具。	治療師使用反映內容以讓傑森瞭解，治療師心理上是完全和他在一起的，並將焦點放在他身上。

第二次遊戲治療單元之摘錄

學習目標：遊戲治療師能夠避免鸚鵡式對話。

本段摘錄說明了非模仿式治療反應之重要性。在第一段摘錄中，治療師純綷地重複傑森的行動和口語表達，未能反應傑森可能傳達的較深層訊息。在第二段的摘錄中，治療師對傑森的表達做較深層的反應。

原始互動

摘錄#1：治療師重複孩子的行動和口語表達。

治療單元之介紹

這段摘錄發生於治療單元開始十五分鐘後。傑森自願進入遊戲室，但仍然繼續表達憤怒；在以下的治療單元中，傑森的遊戲似乎開始變得較有焦點。

傑　森（使用數個動物在沙箱中建造一個景象）這個是好人，這是壞人。

治療師 那個是好人，而那個是壞人。

治療師使用反映內容的反應；然而這個反應只是逐字描述孩子所說的話，此種作法會讓治療單元變成好像治療師比較專注於使用適當的技術，更甚於孩子正在表達的事的情況。

傑　森	（繼續建造他的景象，背對著治療師，在沙箱內再排了數個玩具，讓玩具面對面。）	
治療師	你用你想要的方式來排它們。	治療師指出傑森的行動。
傑　森	（壞人走向好人，用大聲和生氣的聲音說話。）你真卑鄙！照我的話去做！不然你就慘了。	傑森開始藉著沙箱內的遊戲，用行動表達出他的一些情緒。
治療師	他說有一個人很卑鄙，而且他最好照著他的話去做。	治療師使用反映內容來反應傑森的口語表達。然而，這個反應似乎略顯機械化，並且忽略了傑森正在表達的感受。
傑　森	（壞人跳到好人身上）我要去抓你了！你最好照著我的話去做！	傑森專注地進行他的遊戲；傑森此時缺乏口語反應，但這不表示他覺得與治療師沒有連結。孩子在遊戲治療單元中，有時可能不會回應治療師所說的話。
治療師	你讓他跳在那個人身上，他就抓到他了。	治療師繼續反應傑森的行動（使用追蹤行為技巧）。雖然這項反應是準確的，但治療師可以反應傑森此時可能表達的情緒，以讓治療單元更深層化。

傑　森	（看著治療師）他真的很生氣，因為他不肯做他應該要做的事。	這是傑森與治療師連結的方式。
治療師	他很生氣，因為他不肯做他應該要做的事。	治療師的反應是機械式的，並且沒有反映出他對傑森所表達的意義有深層瞭解。
傑　森	（傷心的眼神和虛弱的聲音）對啊，當他生氣時，他就會打東西。（看著玩具，開始讓它們打架。）	
治療師	所以，當他生氣時他就要打東西；現在它們在打架了。	治療師的反應是機械式的，並且沒有表現出他對傑森表達的事有深層的瞭解。
傑　森	（當好人和壞人在打架時，壞人說：）看招！（好人說：）誰怕你，看招！	
治療師	它們打起來了。	指出傑森之行動（追蹤行為的反應）。
傑　森	（丟掉好人，舉起壞人，興奮地說：）我贏了！	
治療師	壞人打敗好人了。	反映內容的反應。此項反應沒有指認傑森的感受。

✏️ 更正互動

摘錄#2：治療師使用不同的治療反應使治療單元深層化。

傑　森	（使用數個動物在沙箱中建造一個景象）這個是好人，這是壞人。	
治療師	你決定一個是好人，一個是壞人。	此項反應是將焦點放在傑森做決定的能力；相較於重複傑森口語內容的反應，這是一個較深層的反應。
傑　森	（繼續建造他的景象，背對著治療師，在沙箱內再排了數個玩具，讓玩具面對面。）	
治療師	你用你想要的方式來排它們。	治療師指出傑森的行動（追蹤行為的反應）。
傑　森	（壞人走向好人，用大聲和生氣的聲音說話。）你真卑鄙！照我的話去做！不然你就慘了。	傑森開始在治療單元中以遊戲玩出一些情緒。
治療師	那個人聽起來很生氣，他希望能要做什麼就做什麼。	治療師的反應將焦點放在傑森所表達的潛在感受上；治療師將焦點集中於情緒，則能夠幫助傑森辨

識和表達情緒。

傑　森	（壞人現在跳到好人身上）我要去抓你了！你最好照著我的話去做！	
治療師	壞人真的想要確定好人會照著他的話做。	此項反應仍是將焦點放在傑森遊戲的意義上，而能幫助傑森開始處理他所表達的情緒。
傑　森	（看著治療師）他真的很生氣，因為他不肯做他應該要做的事。	
治療師	你知道發生什麼事情會讓他發脾氣。	此項反應將焦點放在傑森對於遊戲和正在發生的狀況所做的詮釋。
傑　森	（傷心的眼神和虛弱的聲音）對啊，當他生氣時，他就會打東西。（看著玩具，開始讓它們打架。）	
治療師	當他生氣打東西的時候，你覺得傷心。	此項反應是將焦點放在傑森對於遊戲的感受，而不是放在傑森的遊戲行動。將焦點集中於情緒促使治療單元進入更深的層次。

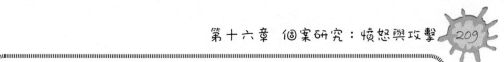

傑　森　（當好人和壞人在打架
　　　　時，壞人說：）看招！
　　　　（好人說：）誰怕你，看
　　　　招！

治療師　它們好像真的很生對方的　　反映情緒。
　　　　氣。

傑　森　（丟掉好人，舉起壞人，
　　　　興奮地說：）我贏了！

治療師　你真的很興奮它贏了。　　　反映情緒。

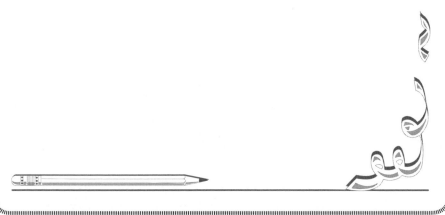

第十七章

個案研究：離婚

六歲的莎麗是由父母和繼母帶來接受諮商的。莎麗的父母在她二歲時離婚，她的父親已再婚，而他的第二任妻子懷孕了。莎麗的三位父母都想要參與遊戲治療過程。在莎麗接受遊戲治療期間，莎麗的母親與男友訂婚。莎麗的繼母表示，她想要確定，莎麗對於新手足的誕生和母親的再婚，能有良好的適應。莎麗的父親表示，他很關切莎麗對父母離婚的反應，以及她對於父母雙方的反應。

　　在治療環境中，莎麗很安靜，且專注於藝術和美勞活動；同時，莎麗的遊戲是極端的整潔和控制的。在治療單元中，她很少和治療師說話，但是會穿梭於遊戲室內唱歌。莎麗呈現出的行為成熟度似乎遠超過她的發展年齡。在整個遊戲治療過程中，莎麗在遊戲室內變得更為活潑及髒亂。

第一次遊戲治療單元之摘錄

　　學習目標：在兒童缺乏言語表達之情況下，遊戲治療師仍然能夠回應兒童。

　　在第一段的摘錄中，治療師嘗試強迫莎麗在治療單元中有更多言語表達。與在遊戲單元中話少的兒童一起工作，對許多新手遊戲治療師而言是困難的事；但是，兒童應該要能感覺他可以自由地以他想要的方式，來使用他在遊戲室的時間。在更正互動的部分，治療師反應莎麗在遊戲室的行動，而沒有強迫她使用治療師所希望的互動方式。

✏️ 原始互動

摘錄#1：在以下的摘錄中，治療師沒有跟隨孩子的引導，而是嘗試誘發孩子做口語反應。

莎　麗 （進入遊戲室，四處張望，走到放有藝術和美勞材料的桌子。）

治療師 妳發現了紙張和蠟筆，妳想要畫圖嗎？

> 第一部分的反應為追蹤行為，第二部分的反應則是多餘的問題；問問題對於促進治療進展是不必要的。

莎　麗 對啊。（開始畫圖，不看治療師，而且畫圖時用手遮住圖畫。）

治療師 看起來妳在畫一些對妳很重要的東西，我很好奇妳在畫什麼。

> 第一部分的反應指出了孩子的行動（追蹤行為）；然而，治療師對於莎麗圖畫所假設的重要性，可能高於莎麗自己的意圖。第二部分的反應則暗示莎麗，她必須與治療師分享她的圖畫內容；此種作法是從莎麗手中將主導權拿走。

莎　麗 （不回應治療師，走到畫板旁畫圖。）

治療師 妳決定現在要畫畫。妳真的很想畫東西。

促進孩子做決定。

莎　麗 （開始用所有的顏色小心翼翼地畫出彩虹，並且確定沒有混色，又在彩虹旁邊畫了一朵花，在角落畫了太陽。）

治療師 妳用很多的顏色來畫彩虹。妳在學校和家裡也會畫彩虹嗎？

第一部分的反應是將焦點放在莎麗的活動和行為。治療師又以問問題的方式，試圖促使莎麗與治療師對話；此種作法向莎麗傳達了一個訊息，即她在治療單元中保持沉默是不對的事。

莎　麗 有時候。（畫完圖後又回到美勞桌上，繼續畫第一張尚未完成的圖畫。

治療師 所以妳在學校和家裡都喜歡畫彩虹。看起來妳已經準備好要完成另一張圖畫。

莎　麗 對啊，我要把它帶回家。

治療師	妳要把圖畫帶回家，也許妳想要給爸爸媽媽看妳畫的圖。	第一部分的反應是反映內容之技巧。在第二部分的反應中，治療師假設了莎麗帶圖畫回家的目的；此種假設可能會讓莎麗認為，她把圖畫帶回家後應該要有的適當或正確行動。
莎　麗	（當她著色時，她把用過的蠟筆都放回盒內，不讓蠟筆留在桌上）。	
治療師	妳把所有的蠟筆都擺回去。妳在家裡和學校一定也是很愛乾淨。	治療師將莎麗在遊戲室的行為概化到遊戲室以外的情境；治療師可能想再次嘗試鼓勵莎麗做更多的口語表達。在治療單元中很重要的一件事是，將焦點保持在莎麗本身以及她在治療單元中的活動上；而發生在治療單元以外的事件，則不是重點。
莎　麗	有時候。（離開美勞桌，四處看看遊戲室內的其他玩具。）	

治療師　看起來妳想要做別的事了。妳可以玩妳想要玩的玩具。

治療師似乎是在鼓勵特定的行為。治療師應該給予莎麗充分的時間去決定，她在治療單元中要如何使用她的遊戲時間。

✐ 更正互動

　　摘錄#2：治療師跟隨孩子的引導，沒有強迫孩子做口語表達。

　　即使孩子在治療單元中沒有任何口語表達時，治療師仍然能夠跟隨孩子的引導，並且與孩子互動；這一段的互動示範了此種情況。

莎　麗　（進入遊戲室，四處張望，走到放有藝術和美勞材料的桌子。）

治療師　看起來妳發現妳想要做的事了。

治療師的反應是將焦點放在莎麗在治療單元中的現況，而沒有暗示莎麗必須以某種特定方式來使用美勞材料。

莎　麗　（開始畫圖，不看治療師，而且畫圖時用手遮住圖畫。）

治療師 妳很努力在畫圖。	此項反應將焦點放在莎麗做的事和她的努力，而非放在她的作品上。
莎　麗 （不回應治療師，走到畫板旁畫圖。）	
治療師 妳準備好要做一些不一樣的事，妳找到妳要的東西了。	此項反應是將焦點放在莎麗做決定的能力，以及莎麗用她想要的方式來使用治療單元的能力。這種作法也讓莎麗知道治療師對於她的行為沒有任何期待。
莎　麗 （開始用所有的顏色小心翼翼地畫出彩虹，確定沒有混色，又在彩虹旁邊畫了一朵花，在角落畫了太陽。）	
治療師 妳很小心地畫那些圖，妳要確定妳畫出來的圖就是妳想要的樣子。	治療師反應莎麗在圖畫中所下的工夫和所付出的努力。即使莎麗沒有言語表達，治療師仍然努力與莎麗溝通。
莎　麗 （畫完圖後，向後退了幾步，看著她的圖畫。回到美勞桌上，繼續畫第一張尚未完成的圖畫。）	

治療師 妳在檢查妳的圖畫，看起來妳對妳畫的圖感到滿意。	此項反應將焦點放在莎麗對她圖畫的感受；這就顯示出莎麗能夠不藉由言語來表達情緒。遊戲治療師必須專注於孩子在治療單元內的所有行動，才能完全地瞭解孩子。
莎　麗 我可以把它帶回家嗎？	
治療師 這是妳可以自己決定的事。	此項反應允許莎麗自己決定她要如何處理她的圖畫。
莎　麗 （當她著色時，她把用過的蠟筆都放回盒內，不讓蠟筆留在桌上。）	
治療師 妳用完那些東西的時候，妳都會要把它們放回去。	此項反應將焦點放在莎麗在治療單元中的行動，因而能讓莎麗明白，治療師在整個治療單元中都將注意力完全地集中在她身上。
莎　麗 （離開美勞桌，四處看看遊戲室內的其他玩具。）	
治療師 妳在看遊戲室裡還有什麼其他的東西。	此項反應將焦點放在莎麗的行動，而沒有強迫她用某種特定方式去使用遊戲

器材，這樣能讓莎麗保持
她在治療單元中的主導
性。

第四次遊戲治療單元之摘錄

學習目標：遊戲治療師能夠跟隨孩子的引導。

第四次治療單元摘錄示範了跟隨孩子引導的重要性，即使在
孩子缺乏言語表達的情況下亦是如此。在第一段摘錄中，治療師
掌握治療單元的主導權，因為治療師希望能和莎麗有更多的直接
互動，而試著使莎麗進行其他的活動。在第二段摘錄中，治療師
能夠跟隨莎麗的引導。

✏ 原始互動

摘錄#1：治療師拿走孩子的主導權，指導治療單元的活
動。

治療單元之介紹

這一段摘錄為第四次治療單元的內容。莎麗繼續使用藝術和
美勞材料，也開始使用其他的遊戲器材。另外，莎麗開始不收拾
玩過的玩具。

莎　麗（在沙箱裡玩；用篩子把
　　　　沙子篩進桶子裡。）

治療師 妳把那些放進那裡。妳可以在沙箱裡玩其他的玩具。	治療師慫恿莎麗使用其他的遊戲器材，開始主導治療單元。兒童中心遊戲治療師相信，兒童在治療單元中會使用他們需要的遊戲器材來表達自我。
莎　麗 （繼續篩沙；當她玩沙時，一些沙子掉到遊戲室的地板上；她停下來看著治療師。）	莎麗可能不確定可否把遊戲室弄髒。莎麗過去在遊戲室的行為顯示出她在遊戲中保持整潔的傾向。
治療師 妳注意到沙子掉到地上。如果妳不喜歡地上有沙子，那裡有掃把（手指向掃把和畚箕）；或者妳可以不管它。	治療師根據前幾次治療單元的經驗，假設莎麗會想要清掃地板。這種作法再次拿走了莎麗的主導權，而且不容許莎麗用她可能想要的方式來處理髒亂。
莎　麗 好吧。（走過去拿掃把，開始掃起掉在地上的沙子。）	
治療師 妳決定要把沙子掃起來。告訴我妳在家裡幫忙打掃的事。	治療師試圖讓莎麗做更多口語表達。在遊戲室裡，是否要說話是兒童可以自己選擇的事。治療師必須能自在地與話少的兒童在一起；話少的兒童仍然會透過他們的活動來與治療師溝通。

莎 麗	有時候我幫媽媽打掃廚房；在我爸家，我都在玩。	
治療師	所以妳在媽媽家要幫忙打掃，在妳爸家就不用做很多打掃工作。	治療師使用反映內容；但是，莎麗分享訊息是治療師主導的結果。
莎 麗	對啊，我在我爸家還是要整理自己的房間。我媽不喜歡家裡亂七八糟的，所以我都把玩具收在我的房間裡。	
治療師	爸爸家和媽媽家對妳有不同的規定。妳比較喜歡把玩具收拾整齊，還是不用收拾玩具？	治療師問孩子問題，繼續主導治療單元。在治療單元中，莎麗可以透過遊戲來傳達她的需求；因此，問問題只是為了滿足治療師獲得訊息的需求，是沒有必要的。
莎 麗	我不知道。（開始玩沙，再次背對著治療師。將沙篩進桶子，感覺沙從手中滑過。）	莎麗對於治療師所主導的治療單元方向不感興趣。
治療師	妳不太確定。看起來妳要再玩一下沙子。	反映內容和指出行動（追蹤行為）。

莎　麗	（安靜地玩沙，把桶子裝滿沙子再倒掉。）	
治療師	妳好像很喜歡玩沙，但是這裡還有很多玩具，妳都可以玩。如果妳願意，我們可以一起玩。	治療師建議在遊戲室裡玩其他的遊戲，試圖指導治療單元的方向。治療師對於治療單元的展開方式有既定的想法，而要求孩子玩互動性較高的遊戲，以滿足治療師自己的需求。
莎　麗	好吧。（轉身朝向治療師，仍然把手放在沙子裡。）	莎麗可能感覺她必須參與治療師要求的活動。
治療師	那裡有娃娃屋，我們來玩娃娃。	治療師現在完全地主導治療單元；莎麗已經不能在遊戲治療單元中處理她想要處理的問題了。

✏ 更正互動

　　摘錄#2：治療師追隨孩子的引導，並且沒有強迫孩子做口語表達。

　　當孩子在治療單元中沒有口語表達時，治療師仍然可以跟隨孩子的引導，並與孩子互動；這一段摘錄示範了此種互動。這一段互動同時顯示出，經過四次遊戲治療單元後，莎麗的遊戲已有所改變。

莎　麗	（在沙箱裡玩；用篩子把沙子篩進桶子裡。）	
治療師	妳把那些放進那裡。	指出行動（追蹤行為的反應）。追蹤行為讓莎麗知道治療師是將焦點放在她身上。
莎　麗	（繼續篩沙；當她玩沙時，一些沙子掉到遊戲室的地板上；她停下來看著治療師。）	莎麗可能不確定是否可以把遊戲室弄髒。莎麗過去在遊戲室的行為顯示出她在遊戲中保持整潔的傾向。
治療師	妳不太確定沙子掉在地上該怎麼辦。沙子有時候會掉到地上。	治療師反應莎麗的情緒。治療師同時讓莎麗知道，她可以決定要如何處理掉在地上的沙子，她也可以把遊戲室弄髒。
治療師	妳真的很喜歡玩沙。	治療師反應莎麗玩沙的感受；藉此治療師向莎麗傳達了一種訊息，即她瞭解莎麗，以及莎麗決定讓沙子留在地上，在遊戲室裡是沒問題的。
莎　麗	（四處看看遊戲室，放更多玩具到沙箱裡，也從廚房玩具區域拿了湯鍋和炒鍋；開始把桶內的沙子倒	莎麗感覺自由，而能使用遊戲室的玩具。她開始探索遊戲室，使用更多種的遊戲器材。

進鍋子中）。

| 治療師 | 妳把那些東西擺進那裡，又把沙子倒進那裡面。 | 指出行動（追蹤行為的反應）。 |

| 莎　麗 | （拿起裝了沙子的湯鍋和炒鍋，放在爐子上，開始烹煮；似乎對自己的玩法感到滿意。） | |

| 治療師 | 妳在那邊煮東西，妳覺得有趣。 | 治療師繼續跟隨莎麗的引導，反應莎麗表達的所有情緒，包括非語言表達的情緒。在遊戲室裡，兒童會透過活動表達很多事情；因此，治療師必須學習用眼睛傾聽兒童，而不只是用耳朵傾聽。 |

| 莎　麗 | （繼續烹煮，然後把食物放進兩個盤子和杯子中；拿了一份給治療師，一份留給自己。） | 莎麗現在主動與治療師連結；這就顯示出孩子不需要透過言語也能與治療師連結。 |

| 治療師 | 妳煮了東西給我們兩個人吃。 | 此項反應將焦點放在孩子與治療師的連結方式。 |

| 莎　麗 | （假裝吃她的食物；接著開始收拾玩具食物，把沙子倒回沙箱裡，當她倒沙子時，一些沙子又掉在地上。） | |

治療師 都吃完了。現在妳決定要把沙子倒回那邊。

治療師將焦點放在莎麗的行為。莎麗持續變得更自在，甚至不再對沙子掉在地上有反應。治療師創造了一個環境，讓莎麗在她準備好的時候，就可以把它弄髒弄亂。莎麗變髒亂顯示她在治療中正在進步。

第十八章
個案研究：性虐待
與創傷

五歲的貝琪因為遭受性虐待與心理創傷，由母親帶來接受遊戲治療。貝琪被八歲男童喬依性虐待；在性虐待事件發生前，貝琪和她的母親與喬依和他的母親，是很親近的朋友。貝琪的母親已經向兒童保護服務通報性虐待事件，並且尋求遊戲治療來協助貝琪。貝琪的母親表示，貝琪經常告訴別人她被虐待的事，即使是不熟識的人也不例外。除了遭受性虐待之外，貝琪在四歲時曾經經歷一件創傷事件；當時她的母親昏倒，是由貝琪撥打119電話求救。

在治療環境中，貝琪在治療單元時非常的多話和活潑。貝琪在第一次遊戲治療單元時談到受虐事件，但是從那時之後就不再討論這件事了。她與治療師頻繁地互動，並且經常展示出她在過去一週的生活經驗。

第一次遊戲治療單元之摘錄

學習目標：遊戲治療師能夠反映孩子的情緒，並且整合運用不同類型的治療反應。

在第一段摘錄中，治療師錯失反映孩子情緒和使用其他治療反應的機會。在更正互動的部分，治療師使用適當的治療反應。

原始互動

摘錄#1：在以下的摘錄中，治療師沒有反映孩子的情緒。

這一段互動發生於第一次遊戲治療單元開始後的十分鐘。貝

琪正在探索遊戲室的玩具，而且找到一些她有興趣的玩具。她在治療單元中有很多的語言表達。

貝　琪 （拿起醫生玩具）我知道這是用來做什麼的。

治療師 妳知道那是用來做什麼的；看起來妳要玩那個玩具。

> 治療師使用反映內容來開始治療單元。

貝　琪 （當她檢查著醫生玩具時，她說：）喬依逼我和他發生性關係。

> 貝琪的母親曾經表示，貝琪會將性虐待的事告訴她不熟識的人；她覺得貝琪過度公開她的經驗。

治療師 他那樣做。告訴我發生了什麼事。

> 治療師在探查性虐待的訊息。治療師在處理性虐待問題時，常會覺得他們需要蒐集更多訊息，或是「修復」兒童對受虐的感受。就兒童中心遊戲治療而言，治療師應當跟隨兒童的引導，並且信任兒童會在治療單元中表達他們所需要表達的事，以處理虐待問題。

貝　琪 他在他家裡逼我和他發生性關係，然後我就告訴媽咪，他就有麻煩了。

> 貝琪告訴治療師的事，是她對所發生事件的瞭解；這就顯示了治療師努力探查訊息卻未必能獲得治療師所期待的結果。

治療師 所以妳就知道了，喬依對妳那樣做是不對的事。

治療師使用教育模式，教導貝琪關於什麼是適當的觸摸和不適當的觸摸。雖然對於貝琪來說這些是重要的知識，但是遊戲室應該是一個能讓貝琪可以用她需要的方式來表達情緒的地方。

貝 琪 （帶著醫生玩具的針筒，走向治療師。）對啊，媽咪說這就是我要來這裡玩的原因。

治療師 所以妳知道，妳來這裡是要說說喬依對妳做的事。

治療師使用反映內容；然而，治療師的反映內容增強了貝琪母親告訴她的事，此舉使治療師開始引導貝琪。在遊戲室裡，貝琪應該被允許用她想要的方式來處理她的情緒，而不應該被強迫去談虐待事件。

貝 琪 對啊。（把針筒交給治療師，拉起衣服露出臀部給治療師看。）妳當醫生，妳幫我在這邊打針。

貝琪開始遊戲；貝琪表現出她的個人界限可能稍微鬆於同齡孩子的狀況。

治療師 好。（拿起針筒，在貝琪臀部打一針。）現在我要貼OK繃在妳打針的地方。

治療師參與孩子的遊戲，但忘記應該要將貝琪想在臀部打針（在衣服下面）的欲望重新導向。治療師必須導引貝琪，將打針位置轉換到其他身體部位（手或手臂）；相反地，治療師卻讓貝琪有機會在沒有維持適當界限的情況下繼續遊戲。

貝 琪 現在輪到我幫妳打針。（開始拉開治療師的衣服，要在治療師的臀部打針。）

治療師 我不要在屁股上打針，妳可以選一個其他的地方幫我打針。

治療師應該在治療單元中設定自己的個人界限；當如此做時，治療師必須表明，其所設定的個人界限是他們對自己的限制，無關於他們對孩子的接納。同時，治療師應該提供一些可接受的替代選擇，讓孩子可以從中選擇。

貝 琪 可是在醫生那邊，都是在屁股上打針，所以我也要在你的屁股上打針。

治療師	我不要打針了。你可以聽我的心臟來代替。（在醫生玩具中翻找，拿出聽診器給貝琪。）

治療師錯失反應孩子情緒的機會。治療師轉移貝琪的行為，就是在主導治療單元，並且是在把貝琪從失望情緒中拯救出來。

貝　琪	好吧。（將聽診器放在治療師的心臟上聽）我聽到妳的心跳很快。
治療師	妳可以聽到我的心跳。如果妳要的話，我也可以聽妳的心跳。

雖然貝琪未再要求治療師繼續玩，治療師仍然繼續參與她的遊戲。

✎ 更正互動

摘錄#2：治療師能夠反映孩子的情緒。

貝　琪	（拿起醫生玩具）我知道這是用來做什麼的。
治療師	妳知道那是用來做什麼的；看起來妳要玩那個玩具。

治療師使用反映內容來開始治療單元。

貝　琪	（當她檢查著醫生玩具時，她說：）喬依逼我和他發生性關係。

貝琪的母親曾經表示，貝琪會將性虐待的事告訴她不熟識的人；她覺得貝琪過度公開她的經驗。

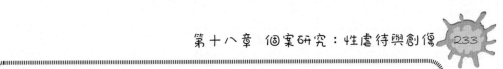

治療師	妳知道喬依對妳做了什麼事，但是妳不喜歡他那樣做。	治療師此時將焦點放在貝琪的感受；反應她的情緒就是容許貝琪把自己帶到需要的地方，以表達她對受虐的感受。
貝琪	對啊，他不能再那樣做了，我以後不要再跟他玩了。（傷心的語調，拿著醫生玩具走向治療師。）	貝琪感覺自由，而能夠告訴治療師她的需要，以及虐待事件對她的影響。
治療師	所以妳知道，喬依再也不能傷害妳了。好像妳覺得有一點傷心以後都不能再和喬依玩了。	治療師反映貝琪可能正在表達的情緒。在遊戲治療單元中，辨識兒童的情緒有時可能不容易；然而當治療師試著辨識兒童的情緒時，兒童會讓治療師知道他們的反應是否準確。
貝琪	（在治療師面前打開醫生玩具，把針筒交給治療師，拉起衣服露出臀部給治療師看。）妳當醫生，妳幫我在這邊打針。	貝琪轉換不同的遊戲。
治療師	我知道妳要我幫妳在那邊打針；但是，我選擇不要在妳的屁股上打針；妳可以選擇讓我在妳的手臂或手上打針。	治療師使用ACT設限模式來設定他們在治療單元內的個人界限。治療師能夠在必要時示範界限的設定，是很重要的事；同時，此

項作法讓治療師可以維持
對兒童的接納。

貝　琪（放下衣服，捲起袖
子。）好啊，那妳在我手
臂上打針。

貝琪回應治療師。

治療師　做給我看妳要我怎麼打
針。

治療師應貝琪的要求而參
與遊戲。治療師向貝琪詢
問她想要治療師打針的方
式，讓貝琪在治療單元中
保持主導地位。

貝　琪（把針筒給治療師，以手
指使用針筒，向治療師示
範如何打針。）妳把這個
拉上來，再往下推。

治療師（替貝琪打針）所以是要
把這個拉上來再往下推，
就像這樣。

治療師跟隨貝琪的引導，
只在貝琪提出要求時才加
入她的遊戲，而且遊戲的
進行不會超過貝琪所指導
的方式。

貝　琪（拿起針筒，放在治療師
的手臂上。）現在我要幫
妳打針。

治療師　妳決定要幫我打針，像妳一
樣被打一針。

貝琪藉著讓治療師和自己
一樣被打針，來與治療師
連結；治療師將焦點放在
此連結上。

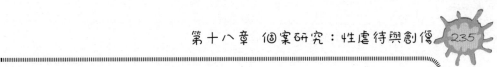

貝　琪　對呀。（用聽診器聽治療
　　　　師的心跳）我可以用這個
　　　　聽到妳的心跳。

治療師　妳知道怎麼使用那個玩　治療師反應貝琪的情緒。
　　　　具。妳很得意，那些玩具
　　　　妳全部都會用。

　　在更正互動部分中，治療師沒有逼迫貝琪談論她的性虐待經
驗；相反的，她容許貝琪在準備好的時候再去處理她的情緒和想
法。雖然貝琪並未多談虐待事件，但是治療師已經創造了一種環
境，貝琪知道在此環境中，她可以等到準備好的時候再談論虐待
事件。在此之後的治療過程中，貝琪都未再談論受虐事件，而是
將焦點放在與日常生活經驗相關的情緒上。

第六次遊戲治療單元之摘錄

學習目標：遊戲治療師能夠完全在孩子的指導下參與遊戲。

在第一段的摘錄中，治療師參與孩子的遊戲時，催促孩子說明遊戲的意義。貝琪在本段的遊戲情節是首次出現在遊戲室裡。在更正互動部分中，治療師只會在孩子的要求之下參與遊戲，而且沒有強迫孩子解釋遊戲的意義。

原始互動

摘錄#1：在下列的摘錄中，治療師參與孩子的遊戲，而且嘗試促使孩子解釋遊戲的意義。

貝　琪	我要當警察。（走到櫃子拿出手銬）	
治療師	妳知道今天要做什麼。	促進做決定。
貝　琪	（拿起槍放進口袋；戴上警察帽走向治療師。）妳當壞人，妳要去坐牢了。	
治療師	壞人要坐牢，壞人做了什麼事要被送去監牢呢？	治療師試著促使貝琪解釋她的遊戲。在遊戲室裡，兒童的遊戲應是不言而喻的，毋需解釋。有時候治療師可能無法瞭解遊戲的意義；然而，只要治療師創造了一個安全的環境，

即使治療師不能瞭解遊戲的意義，兒童仍會玩出他／她所需要表達的事。

貝　琪　（以低沉的聲音）把手伸出來，妳要去坐牢了。

治療師　妳要送我進監牢，我做了什麼事要去坐牢呢？（伸出雙手，貝琪用手銬銬住她。）

治療師再次探究遊戲的意義，試著促使貝琪解釋她的行動。治療師應當相信孩子，並且將焦點放在貝琪正在表達的事上，而非放在她玩警察遊戲的原因上。

貝　琪　妳自己知道做了什麼壞事！現在就走。（拉著治療師的手臂要她站起來）

治療師　（站起來跟著貝琪）妳現在要帶我去坐牢。妳知道壞人會有什麼下場。

反映內容。雖然治療師跟隨孩子的引導，但是，她讓自己處在的位置，可能使她無法看見貝琪在遊戲室的全部行動。

貝　琪　（帶治療師繞著遊戲室走，然後把治療師放到布偶劇台後面。）現在妳就待在這裡，我叫妳出來妳才可以出來。

治療師	妳把我關在這裡。壞人要坐牢多久呢？	治療師繼續催促貝琪解釋她遊戲背後的原因。
貝　琪	（騎上車）我要去找更多的壞人。（停車在布偶劇台，把治療師從布偶劇台後面帶出來。）現在換妳當警察，我來當壞人。	
治療師	現在我們要交換角色。為什麼我要讓妳坐牢呢？	即使貝琪沒有回應治療師之前問的所有問題，治療師仍然繼續問貝琪問題。當治療師問問題時，治療師就是在指導治療過程，兒童就會缺乏自由感，而不能決定他在遊戲中要處理的問題。
貝　琪	（拿掉手銬，把手銬交給治療師。）因為我是壞人，所以妳現在要銬住我。	
治療師	妳做了什麼事才變成壞人呢？（開始用手銬銬住貝琪）	治療師繼續問貝琪問題。治療師應該問貝琪想要銬手銬的方式（例如：銬在背後或銬在前面），才能鼓勵貝琪主導治療過程。當治療師被要求參與遊戲時，治療師應該允許兒童來主導遊戲實行的方式。

貝　琪　（被手銬銬住，走向布偶劇　　　　治療師開始扮演孩子遊戲
　　　　　台。）現在我要去坐牢了。　　　　中的角色，但是沒有跟隨
　　　　　　　　　　　　　　　　　　　　貝琪的引導。

治療師　妳現在被關在牢裡了，妳
　　　　　最好待在那裡。

✏ 更正互動

　　摘錄#2：治療師跟隨孩子的引導，而不會試著促使孩子解
釋遊戲背後的意義。

貝　琪　我要當警察。（走到櫃子
　　　　　拿出手銬）

治療師　妳知道今天要做什麼。　　　　促進做決定。

貝　琪　（拿起槍放進口袋；戴上
　　　　　警察帽走向治療師。）妳
　　　　　當壞人，妳要去坐牢了。

治療師　妳決定了我是壞人，妳要　　　　治療師完全地跟隨貝琪的
　　　　　帶我去坐牢。　　　　　　　　引導，而沒有試圖促使孩
　　　　　　　　　　　　　　　　　　　子解釋遊戲背後的原因。
　　　　　　　　　　　　　　　　　　　兒童中心遊戲治療師信任
　　　　　　　　　　　　　　　　　　　孩子能夠自我表達。

貝　琪　（以低沉的聲音）把手伸
　　　　　出來，妳要去坐牢了。

治療師	（伸出雙手讓貝琪用手銬銬住她）妳知道怎麼玩這個玩具，妳用這個把我銬住了。	治療師繼續跟隨貝琪的引導，同時針對貝琪使用遊戲室玩具的能力，使用了鼓勵反應。
貝　琪	（拉著治療師的手臂要她站起來）走吧，現在要帶妳去坐牢了。	
治療師	（坐在椅子上）我知道妳想要帶我去坐牢；但是，我選擇留在我的椅子上；妳可以選擇假裝這個椅子是監牢。	治療師使用ACT設限模式。治療師設定了自己在遊戲室裡不移動的限制；這個作法讓治療師保持在一個位置，而能夠完全地看見貝琪在遊戲治療單元中的全部活動。
貝　琪	（假裝把治療師送到監牢）現在妳就待在這裡，我叫妳出來妳才可以出來。	
治療師	這裡是由妳負責的，妳把我關進監牢了。	治療師反應貝琪的控制欲望。
貝　琪	（騎上車）現在我要去找更多的壞人。（停車在治療師旁邊，拿掉治療師的手銬。）現在換妳當警察，我來當壞人。	

治療師	現在我們要交換角色。妳讓我當警察，妳要當做壞事的人。	治療師跟隨貝琪的引導。
貝 琪	（開始用手銬銬住自己）我現在是壞人，我必須去坐牢。（穿過布偶劇台坐下來，露出傷心的表情。）	
治療師	妳決定要在那裡坐牢，妳不喜歡被關在監牢裡。	治療師跟隨貝琪的引導，並反應她的情緒。雖然治療師可能不瞭解貝琪玩這類遊戲的原因，但是治療師相信貝琪正在以她需要的方式來表達自我。
貝 琪	（從布偶劇台後面走出來，拿掉手銬。）我們去玩別的吧。（走向水彩）	
治療師	妳已經玩完那個遊戲了；現在妳準備好要做別的事了。	反映內容。

　　在這一部分的摘錄中，治療師使用多種治療反應，讓貝琪能夠表達她需要表達的事。這是貝琪第一次玩出這種情節。雖然治療師並不瞭解她的遊戲，但是治療師並未逼迫貝琪做解釋。這次治療單元結束後，治療師和貝琪的母親進行一次親職諮詢，她提到貝琪的父親上週因酒駕問題，在家門前遭到逮捕。這個事件解

釋了貝琪如何使用遊戲室來處理她的日常生活經驗。治療師應該
能創造一種環境，讓貝琪可以表達她對父親狀況的情緒；但是，
治療師是否瞭解貝琪玩警察遊戲的原因，卻無助於達成前述目
的。治療師使用治療反應，就能夠幫助貝琪以她需要的方式來表
達自我。

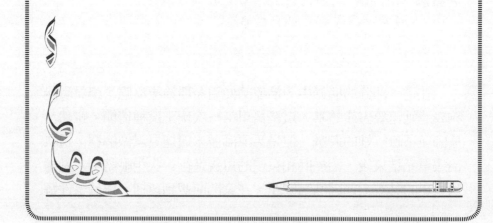

訓練與督導

　　這個部分是為了遊戲治療督導訓練及臨床練習所設計的。

　　訓練及督導部分的第一部分提供了學習及整合兒童中心遊戲治療基礎技巧的基本原則。六項技巧列舉如下，以一次介紹和練習單項技巧的方式呈現：

- ·指出非口語行為
- ·反映內容
- ·反映情感
- ·協助建立自尊及鼓勵
- ·協助做決定及負責
- ·設限

　　第二部分提供了錄影檢視及回饋的方法，可供督導、自我督導，或同儕督導時使用。開始的幾個方法專注於這六個不同的特定技巧，而另外的兩個方法專注於整合此六項治療反應。

　　這些方法是為了正式督導會議之前檢視遊戲治療單元錄影所設計的，這樣的檢視會幫助遊戲治療師對於自己的優點及可成長的領域有較深的認識。

第十九章
角色扮演的技巧
及回饋的型式

角色扮演：指出非口語行為

✏ 督導示範技巧

1.首先，督導或講師向個人、團體或班級示範技巧。
2.讓一個人假裝是一個小孩在玩不同的玩具，並且**不講話**。
3.督導或講師使用對話式和真誠的治療反應，來指認幾次小孩的非語言行為。

兒童不用語言來溝通時，並且當其他治療反應，像協助建立自尊或者促進做決定不適用時，則可使用這個技巧。指出非口語行為的反應使得兒童知道治療師是和他在一起的，關心且想要瞭解他。當兒童不使用口語方式溝通時，此技巧是一種連結的方式，並且創造一個安全且有愛心的環境。

遊戲治療師以一種真誠且互動的對話方式，描述其看見的兒童的行為。

兒　童　（這個兒童正在玩娃娃屋和娃娃）

治療師　妳把這兩個放在那兒。

✏ 個人以雙人小組或三人小組練習

4.讓個人、團體或整個班級有機會練習這個技巧。

如果可能，將團體分為三人一組。一個人扮演小孩，一個人

扮演遊戲治療師，另外一個則為觀察者。觀察者寫下每一個遊戲治療師對小孩所作的每一個反應。

遊戲治療師指出自己的優點及一個可成長的領域

5.在角色扮演結束前的二到三分鐘，遊戲治療師說出自己做的有效的部分，以及自己需要改進的部分。

觀察者回顧遊戲治療師的每個反應

6.觀察者唸出遊戲治療師的每一個治療反應，並且給遊戲治療師一份反應內容的副本。

角色扮演孩子者作回應

7.扮演小孩的人給予遊戲治療師具體的回饋，指出該遊戲治療師的反應如何影響小孩。

　　觀察者：將治療反應寫在下一頁號碼之後的底線上。
　　遊戲治療師：將自己改變的治療反應（若有需要的話）寫在第二條底線上（在有號碼的底線下）。

1. _____

_____

2. _____

_____

3. _____

_____

4. _____

_____

5. _____

_____

6. _____

_____

7. _____

_____

8. _____

_____

9. _____

_____

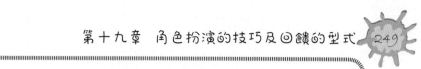

角色扮演：反映內容

督導示範技巧

1. 首先，督導或講師向個人、團體或班級示範技巧。

2. 讓一個人假裝是小孩在玩不同的玩具。很重要的一點是這個人要能將遊戲的過程口語化。（例如：這兩個人互相生氣，他們快要打起來了。）

3. 督導或講師使用對話式和真誠的治療反應來反映內容。當兒童使用語言來溝通時，並且當其他治療反應，像是協助建立自尊或者促進做決定不適用時，則可使用這個技巧。反映內容的反應使兒童知道治療師誠心傾聽，並且完全瞭解兒童說了什麼。反映內容提供另外一種與小孩連結的方式，同時創造了一個安全且有愛心的環境。

遊戲治療師以一種真誠且互動的對話方式，描述其聽見兒童所說的話。

兒　　童　（孩子正在玩娃娃屋及娃娃）這些人（兩個成人娃娃）沒有很多錢。但是他們很有愛心。他們要去找那些沒有父母的小孩，並且要照顧他們。

治療師　這對有愛心的夫婦要照顧這些小孩。

🖍 個人以雙人小組或三人小組練習

4.提供個人、團體或班級練習此技巧之機會。

如果可能的話，分成三人一組。一個人扮演小孩，一個人扮演遊戲治療師，另一個則為觀察者。觀察者寫下遊戲治療師對小孩所作的每一個反應。

🖍 遊戲治療師指出自己的優點及一個可成長的領域

5.在角色扮演結束前的二到三分鐘，遊戲治療師說出自己做的有效的部分以及自己需要改進的部分。

🖍 觀察者回顧治療師的每個反應

6.觀察者唸出遊戲治療師的每一個治療反應，且把反應內容的副本一份給遊戲治療師。

🖍 角色扮演孩子者作回應

7.扮演小孩的人給予遊戲治療師具體的回饋，指出該遊戲治療師的反應如何影響小孩。

觀察者：將治療反應寫在下一頁號碼之後的底線上。
遊戲治療師：將自己改變的治療反應（若有需要的話）寫在第二條底線上（在有號碼的底線下）。

1. _____

_____

2. _____

_____

3. _____

_____

4. _____

_____

5. _____

_____

6. _____

_____

7. _____

_____

8. _____

_____

9. _____

_____

角色扮演：反映情緒

✏ 督導示範技巧

1.首先，督導或講師示範技巧給個人、團體或是整個班級看。
2.讓一個人假裝是小孩在玩不同的玩具。很重要的一點是這個人要能將遊戲過程中的情緒口語化（說出來）（例如：小孩可能因為要去遊戲室而很興奮，或者因為無法把兩個方塊放在一起而感到沮喪；小孩可以使用玩具來表達悲傷、快樂或生氣的情緒。）這樣會提供遊戲治療師機會來反映小孩的情緒，或者反映玩具或人物娃娃的情緒。
3.督導或者講師使用真誠的和對話式的治療反應以反映情緒。治療師的聲音語調應符合孩子的情緒。

此項技巧是在兒童溝通情緒時所使用。在辨識及指認情緒時，兒童會學習到比較瞭解他們個人的情緒，並且變得比較有能力對別人表達自己的情緒。遊戲治療師小心的聆聽兒童的聲調和口語溝通，並且觀察非口語行為及臉部表情，以達到正確反映兒童情緒的目的。當治療師正確反映兒童的情緒時，兒童會感到被深深的瞭解。

兒　童 （小孩正在玩娃娃屋及娃娃人物）這兩個人（兩個成人娃娃）沒有很多錢，但是他們卻很有愛心。他們要照顧這些沒有父母的人。（聲調聽起來很快樂）

治療師 小孩很快樂這對有愛心的夫婦要照顧他們。

✏ 個人以雙人小組或三人小組練習

4.提供個人、團體或班級機會來練習這個技巧。

如果可能的話，分成三人一組。一個人扮演小孩，一個人扮演遊戲治療師，另一個則為觀察者。觀察者寫下遊戲治療師對小孩所作的每一個反應。

✏ 遊戲治療師指出自己的優點及一個可成長的領域

5.在角色扮演結束前的二到三分鐘，遊戲治療師說出自己做的有效的部分以及自己需要改進的部分。

✏ 觀察者回顧治療師的每個反應

6.觀察者唸出遊戲治療師的每一個治療反應，且把反應內容的副本一份給遊戲治療師。

✏ 角色扮演孩子者作回應

7.扮演小孩的人給予遊戲治療師具體的回饋，指出該遊戲治療師的反應如何影響小孩。

觀察者：將治療反應寫在下一頁號碼之後的底線上。

遊戲治療師：將自己改變的治療反應（若有需要的話）寫在第二條底線上（在有號碼的底線下）。

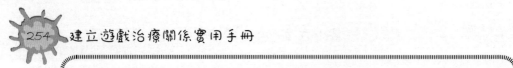

1. _____

_____

2. _____

_____

3. _____

_____

4. _____

_____

5. _____

_____

6. _____

_____

7. _____

_____

8. _____

_____

9. _____

_____

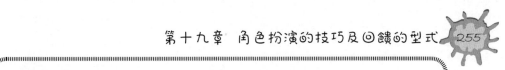

角色扮演：整合指出非口語行為、反映內容及反映情緒

督導示範技巧

1. 首先，督導或講師示範這三項技巧的整合給個人，團體及整個班級。
2. 讓一個人假裝是小孩在玩不同的玩具，重要的是小孩的遊戲中要包含行動、口語內容以及情緒。這樣使得遊戲治療師有機會能示範這三項技巧。
3. 督導或講師使用對話及真誠的治療反應來指認非口語行為、反映內容和反映情緒。

治療師專注於與兒童建立關係，同時創造一個安全與愛心的環境，兒童在其中感受到可自由的透過遊戲表達情緒、憂心的事以及生活經驗。

遊戲治療師聆聽並尋找機會反映兒童的情緒，並反映內容。當反映情緒及反映內容的機會不存在時，遊戲治療師可使用真誠的和對話式的方式來指出兒童的非口語行為。

兒　　童　（將兩個成人娃娃走進房子）

治療師　你正將他們二個人走進房子。

兒　　童　（小孩正在玩娃娃屋及娃娃人物）這些人（兩個成人娃娃）沒有很多錢，但他們很有愛心。

治療師　雖然這對夫婦沒有很多錢，但他們仍然充滿愛心。

兒　童　他們在找這些沒有父母的小孩，並且要照顧他們。（聲調聽起來很快樂）

治療師　小孩很快樂，因為有愛心的夫婦要照顧他們。

個人以雙人小組或三人小組練習

4.提供個人、團體或班級機會來練習這個技巧。

如果可能的話，分成三人一組。一個人扮演小孩，一個人扮演遊戲治療師，另一個則為觀察者。觀察者寫下遊戲治療師對小孩所作的每一個反應。

遊戲治療師指出自己的優點及一個可成長的領域

5.在角色扮演結束前的二到三分鐘，遊戲治療師說出自己做的有效的部分以及自己需要改進的部分。

觀察者回顧治療師的每個反應

6.觀察者唸出遊戲治療師的每一個治療反應，且把反應內容的副本一份給遊戲治療師。

角色扮演孩子者作回應

7.扮演小孩的人給予遊戲治療師具體的回饋，指出該遊戲治療師的反應如何影響小孩。

觀察者：將治療反應寫在下一頁號碼之後的底線上。

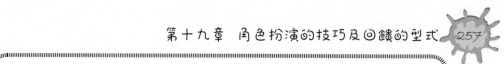

遊戲治療師：將自己改變的治療反應（若有需要的話）寫在
第二條底線上（在有號碼的底線下）。

1.
_____

_____

2.
_____

_____

3.
_____

_____

4.
_____

_____

5.
_____

_____

6.
_____

_____

7.
_____

_____

8.
_____

_____

9.
_____

_____

角色扮演：協助建立自尊及鼓勵

督導示範技巧

1. 首先，督導或講師向個人、團體或整個班級示範技巧。
2. 讓一個人假裝是小孩子在玩不同的玩具。很重要的是這個人的目標是要完成一些特定的工作。（例如：小孩努力的將積木堆疊起來，或者努力的將玩具兵直立站在軍車上。）這提供了治療師機會可以協助建立自尊及鼓勵。
3. 督導或講師使用對話及真誠的治療反應來協助建立自尊以及鼓勵。

　　這個技巧用來鼓勵兒童的努力，並且指認出過程中兒童付出努力的程度。（例如：治療師指認出兒童在畫一幅畫或建造一個塔過程中的努力等等。）治療師指認出兒童的努力，使兒童學習內化和確認他在過程中所付出的努力，而非向其他人尋求外在的肯定及稱讚。

兒　童　（小孩正在玩娃娃屋及娃娃。小孩花了幾分鐘將成人娃娃穿上長褲及襯衫。雖然小孩穿上衣褲有時會有困難，她卻很堅持、不放棄這項工作。而且小孩並未向遊戲治療師尋求協助。）這些衣服很難穿上。

治療師　妳很努力的在幫這兩個人穿衣服。

個人以雙人小組或三人小組練習

4.提供個人、團體或班級機會來練習這個技巧。

　　如果可能的話，分成三人一組。一個人扮演小孩，一個人扮演遊戲治療師，另一個則為觀察者。觀察者寫下遊戲治療師對小孩所作的每一個反應。

遊戲治療師指出自己的優點及一個可成長的領域

5.在角色扮演結束前的二到三分鐘，遊戲治療師說出自己做的有效的部分以及自己需要改進的部分。

觀察者回顧治療師的每個反應

6.觀察者唸出遊戲治療師的每一個治療反應，並且把反應內容的副本一份給遊戲治療師。

角色扮演孩子者作回應

7.扮演小孩的人給予遊戲治療師具體的回饋，指出該遊戲治療師的反應如何影響小孩。

　　觀察者：將治療反應寫在下一頁號碼之後的底線上。

　　遊戲治療師：將自己改變的治療反應（若有需要的話）寫在第二條底線上（在有號碼的底線下）。

1. _____

_____

2. _____

_____

3. _____

_____

4. _____

_____

5. _____

_____

6. _____

_____

7. _____

_____

8. _____

_____

9. _____

_____

角色扮演：促進做決定及負責

✏ 督導示範技巧

1. 首先，督導或講師向個人、團體或整個班級示範技巧。
2. 讓一個人假裝是小孩子在玩不同的玩具。很重要的一件事是這個人的遊戲過程包含無法決定的狀況及依賴的行為，並且能將之口語化。（例如：我不知道怎麼辦。我要玩什麼？這個是幹嘛用的？）這樣的口語化提供治療師機會能作促進做決定及負責之反應。
3. 督導或講師使用對話式及真誠的治療反應來促進做決定及負責。

　　當兒童表達需要人持續的指導及協助，並且似乎沒有成人幫助則有困難做選擇時，則可使用這個技巧。給予兒童促進做決定及負責的反應，會使兒童學習在不需要成人幫助的情況下，即能做一些適合他年齡的決定，並且使兒童發展出對自己行為更大的責任感。

兒　　童 （小孩正看著娃娃屋並且手上握著幾個娃娃）我應該玩哪一個？

治療師 妳可以決定妳要玩哪一個。

✏ 個人以雙人小組或三人小組練習

4. 讓個人、團體或整個班級有機會練習這個技巧。

如果可能，將團體分為三人一組。一個人扮演小孩，一個人扮演遊戲治療師，另外一個則為觀察者。觀察者寫下遊戲治療師對小孩所作的每一個反應。

遊戲治療師指出自己的優點及一個可成長的領域

5.在角色扮演結束前的二到三分鐘，治療師說出自己做的有效的部分以及自己需要改進的部分。

觀察者回顧治療師的每個反應

6.觀察者唸出遊戲治療師的每一個治療反應，並且把反應內容的副本一份給遊戲治療師。

角色扮演小孩者作回應

7. 扮演小孩的人給予遊戲治療師很具體的回饋，指出該遊戲治療師的反應如何影響小孩。

觀察者：將治療反應寫在下一頁號碼之後的底線上。

遊戲治療師：將自己改變的治療反應（若有需要的話）寫在第二條底線上（在有號碼的底線下）。

1. _____

_____

2. _____

_____

3. _____

_____

4. _____

_____

5. _____

_____

6. _____

_____

7. _____

_____

8. _____

_____

9. _____

_____

🏠 角色扮演：設限

✏️ 督導示範技巧

1. 首先，督導或講師示範技巧給個人、團體或者整個班級看。
2. 讓一個人假裝是個孩子在玩許多玩具。很重要的是這個人要提供治療師機會來設限。（例如：小孩可能用蠟筆在桌上寫字。小孩有可能一副要丟玩具蜘蛛到治療師臉上的樣子。）這提供了治療師機會來練習使用ACT模式設限。
3. 督導或講師使用平靜且堅定的聲音來設限。

當小孩傷害自己或治療師、破壞玩具或房間、或者做出社會無法接受的行為時，則使用這個技巧。治療師使用ACT模式（Landreth, 2002）設限時，應指認兒童的情緒或欲望（A），並且用一種清楚及堅定的方式陳述限制，如此可以減低權力競爭的機會（C）。最後，治療師提供另一個可行的選擇（T），以教導兒童在未來遭遇到限制問題時找到另一個可行的行為。

遊戲治療師應確定要完全使用此模式的三個部分：

A：指認兒童的感受；

C：溝通限制；

T：提供另一可行的行為或活動。

兒　童 小孩很快地看著治療師，開始在地板上畫圖。

治療師 (A)你真的很想在地板上畫圖；

　　　　(C)地板不是用來畫圖的；

　　　　(T)紙是用來畫圖的。

個人以雙人小組或三人小組練習

4.讓個人、團體或整個班級有機會練習這個技巧。

如果可能的話，分成三人一組。一個人扮演小孩，一個人扮演遊戲治療師，另外一個則為觀察者。觀察者寫下遊戲治療師對小孩所作的每一個反應。

遊戲治療師指出自己的優點及一個可成長的領域

5.在角色扮演結束前的二到三分鐘，遊戲治療師說出自己做的有效的部分，以及自己需要改進的部分。

觀察者回顧遊戲治療師的每個反應

6.觀察者唸出遊戲治療師的每一個治療反應，並且給遊戲治療師一份反應內容的副本。

角色扮演孩子者作回應

7.扮演小孩的人給予遊戲治療師具體的回饋，指出該遊戲治療師的反應如何影響小孩。

觀察者：將治療反應寫在下面號碼之後的底線上。

遊戲治療師：將自己改變的治療反應（若有需要的話）寫在第二條底線上（在有號碼的底線下）。

1. (A) _____

   (C) _____

   (T) _____

   更正的反應

   (A) _____

   (C) _____

   (T) _____

2. (A) _____

   (C) _____

   (T) _____

   更正的反應

   (A) _____

   (C) _____

   (T) _____

3. (A)

   (C) _____

   (T) _____

更正的反應

   (A) _____

   (C) _____

   (T) _____

4. (A) _____

   (C) _____

   (T) _____

更正的反應

   (A) _____

   (C) _____

   (T) _____

第二十章
錄影檢視：辨識和
改善治療反應

指出非口語行為

錄下與一名孩子進行的遊戲治療單元或實習遊戲單元，檢視單元錄影，並完成下列作業：

1. 寫下所有指出非口語行為的反應。
2. 若某項反應可以改善，寫下替換的反應。

✎ 檢 視

1. 將焦點維持在孩子身上。（例如：使用「你讓那台車開得很快。」而不是「那台車開得很快。」）
2. 在孩子尚未替玩具命名前，避免為玩具命名。（例如：使用「你在把那個推進沙子裡。」而不是「你在把那個積木推進沙子。」）
3. 反應是否為對話式的和真誠的？指出非口語行為的反應是否太頻繁地被使用或者太少被使用？

1. _____

1a. _____

2. _____

2a. _____

3. _____

3a. _____

4. _____

4a. _____

5. _____

5a. _____

6. _____

6a. _____

7. _____

7a. _____

8. _____

8a. _____

9. _____

9a. _____

10. _____

10a. _____

11. _____

11a. _____

12. _____

12a. _____

討論優點和需要改善之處；舉例來說，是否使用對話式和真誠的聲音語調？是否以有效的速度給予反應？反應頻率是否不足或過多？

_____

_____

_____

_____

_____

_____

_____

_____

_____

_____

_____

_____

_____

_____

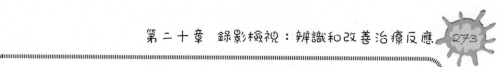

 ## 反映內容

錄下與一名孩子進行的遊戲治療單元或實習遊戲單元，檢視單元錄影，並完成下列作業：

1.寫下所有反映內容的反應。
2.若某項反應可以改善，寫下替換的反應。

✏ 檢 視

改變孩子口語訊息內容之措辭，而不要只是重複孩子說的話。

1. _____

1a. _____

2. _____

2a. _____

3. _____

3a. _____

4. _____

4a. _____

5. _____

5a. _____

6.

6a.

7.

7a.

8.

8a.

9.

9a.

10.

10a.

　　討論優點和需要改善之處；舉例來說，是否使用對話式和真誠的聲音語調？是否以有效的速度給予反應？反應是否使用改變措辭，或者只是重複孩子的口語訊息？

反映情緒

錄下與一名孩子進行的遊戲治療單元或實習遊戲單元，檢視單元錄影，並完成下列作業：

1.寫下所有反映情緒的反應。
2.若某項反應可以改善，寫下替換的反應。

檢視

1.將焦點維持在孩子身上。（例如：聽起來你覺得興奮。玩具不是用來摔的讓你很生氣。）
2.儘可能的正確辨識情緒。要聽孩子的聲音語調，並且觀察孩子的臉部表情和整體的肢體語言。
3.治療師有時可能會錯失反映情緒的機會；治療單元中若發生此種情況，將孩子的反應和動作寫在第一行，將情緒反映寫在第二行。
4.使用左邊欄位來表示治療師之聲音語調是否與孩子之情緒一致。（Y＝是，即治療師之聲調與孩子之情緒一致；N＝不是，即治療師之聲調與孩子之情緒不一致。）

N/Y

_____ 1._____

_____ 1a._____

N/Y _____

2. _____

2a. _____

3. _____

3a. _____

4. _____

4a. _____

5. _____

5a. _____

6. _____

6a. _____

7. _____

7a. _____

8. _____

8a. _____

9. _____

9a. _____

10. _____

10a. _____

　　討論優點和需要改善之處；舉例來說，是否使用對話式和真誠的聲音語調？當孩子以口語或非口語方式表達情緒時，治療師是否確認並反映孩子的情緒？是否有特定的情緒（例如：快樂、生氣、傷心）難以辨識或反映？

_____

_____

_____

_____

_____

_____

_____

_____

_____

_____

_____

_____

_____

_____

_____

_____

_____

_____

協助建立自尊和鼓勵

　　錄下與一名孩子進行的遊戲治療單元或實習遊戲單元，檢視單元錄影，並完成下列作業：

1. 寫下所有協助建立自尊和鼓勵的反應。
2. 若某項反應可以改善，寫下替換的反應。

✐ 檢 視

1. 遊戲治療師可能會「正向地評價」孩子（例如：你真的很聰明），但是此類反應會助長孩子依據外在標準來表現自己，並且向他人尋求額外的稱讚和認可。相反地，治療師希望孩子能夠學習確認他們自己的特質和努力；治療師不應該告訴孩子：「你真的很聰明。」而是應該回應孩子：「你知道很多關於恐龍的事。」這種反應使孩子能夠仔細考慮此項陳述，因而能夠確認他自己擁有的技巧或能力（例如：我真的知道許多恐龍的事。）

2. 遊戲治療師有時可能會錯失促進自尊建立或鼓勵的機會；舉例來說，治療師可能會稱讚孩子（例如：你做得很好），而不是給予孩子鼓勵（例如：你很努力地畫那個圖）。治療單元中若發生此種情況，將稱讚孩子的反應寫在第一行，自尊建立或鼓勵之反應寫在第二行。

1. _____

1a. _____

2. _____

2a. _____

3. _____

3a. _____

4. _____

4a. _____

5. _____

5a. _____

6. _____

6a. _____

7. _____

7a. _____

8. _____

8a. _____

9. _____

9a. _____

　　討論優點和需要改善之處。一般性稱讚（例如：做得很好）和鼓勵之間的差別為何？相對於鼓勵反應，一般性稱讚如何影響孩子？避免使用一般性稱讚是否為困難的事？

_____

_____

_____

_____

_____

_____

_____

_____

_____

_____

_____

_____

_____

_____

_____

促進做決定和負責

　　錄下與一名孩子進行的遊戲治療單元或實習遊戲單元，檢視單元錄影，並完成下列作業：

1. 寫下所有促進做決定和負責的反應。
2. 若某項反應可以改善，寫下替換的反應。

檢　視

1.孩子可能會依賴他人協助做決定，即使他有能力自己做決定時依然如此。當孩子有能力自己完成一項工作時，他可能仍然會要求協助。鼓勵孩子不依賴協助而能自己做決定或完成工作，對遊戲治療師而言是重要的事。

2.許多孩子需要讓其自動自發和發展責任感之機會。類似「你決定穿上披肩」或「你已經計劃好了」的反應，可以指認孩子做決定和負責任的能力。

3.遊戲治療師有時可能錯失促進做決定和負責任之機會；舉例來說，治療師可能回答孩子的問題（例如：對於孩子「我應該先在沙箱還是先玩娃娃屋呢」的問題，治療師回以「先玩娃娃屋」之答案）。回答孩子的問題則不能提供孩子負責任和做決定之機會；治療單元中若發生此種情況，將治療師錯失促進做決定機會之反應寫在第一行，將促進做決定和負責任之反應寫在第二行。

1. _____

1a. _____

2. _____

2a. _____

3. _____

3a. _____

4. _____

4a. _____

5. _____

5a. _____

6. _____

6a. _____

7. _____

7a. _____

討論優點和需要改善之處。

_____

_____

_____

_____

設限：使用ACT模式

錄下與一名孩子進行的遊戲治療單元或實習遊戲單元，檢視單元錄影，並完成下列作業：

1.寫下所有設限的反應。
2.若某項反應可以改善，寫下替換的反應。

檢 視

1.治療師設限的目的包括：保護孩子、治療師、玩具及遊戲室，並結構化治療單元，以及限制社會不可接受之行為。
2.限制確保環境的安全性與保護性，限制也教導孩子自我控制和自我負責。限制必須是一致的，而治療師也必須以平靜、耐心及堅定的語氣陳述限制。
3.遊戲治療師有時候可能會錯失設限的機會，或是沒有使用完整的ACT模式；依據錄影，將治療單元所發生的前述情況，寫在編號1、2和3的位置，再將使用ACT模式後的修正反應，寫在編號1a、2a和3a的位置。

1. (A) _____

   (C) _____

   (T) _____

1a. (A) _____

    (C) _____

(T) _____

2. (A) _____

(C) _____

(T) _____

2a. (A) _____

(C) _____

(T) _____

3. (A) _____

(C) _____

(T) _____

3a. (A) _____

(C) _____

(T) _____

討論優點和需要改善之處。治療師之聲音語調是否鎮靜、有耐心和堅定？

_____

_____

_____

錄影檢視：辨識和改善治療反應

　　錄影與一名孩子進行的遊戲治療單元或實習遊戲單元，檢視
單元錄影，並完成下列作業：

1.寫下治療師前二十分鐘之治療反應。

2.將治療反應歸類。

- ・AA　　指出非口語行為
- ・RC　　反映內容
- ・RF　　反映情緒
- ・FEE　協助建立自尊和鼓勵
- ・FDR　促進做決定和負責
- ・LS　　設限

3.若某個反應可以改善，寫下一個替換的反應。舉例來說，
　如果治療師使用了指出非口語行為的反應，但是他應該使
　用反映情緒或協助建立自尊的反應，則寫下一個替換的反
　應。若治療師使用了ACT模式設限，但是設限反應卻忽略
　了ACT其中一個部分，則寫下一個更正的反應。

_____　　1._____

_____　　1a._____

_____　　2._____

_____　　2a._____

3.

3a.

4.

4a.

5.

5a.

6.

6a.

7.

7a.

8.

8a.

9.

9a.

10.

10a.

11.

11a.

12.

12a. _____

13. _____

13a. _____

14 _____

14a. _____

15. _____

15a. _____

16. _____

16a. _____

17. _____

17a. _____

18. _____

18a. _____

19. _____

19a. _____

20. _____

20a. _____

21. _____

21a. _____

遊戲治療錄影檢視一

1. 簡略地描述在治療師反應之前，孩子所表達的口語內容或行為。

2. 寫下治療師的反應，並將治療反應歸類。

- AA　指出非口語行為
- RC　反映內容
- RF　反映情緒
- FEE　協助建立自尊和鼓勵
- FDR　促進做決定和負責
- LS　設限

3. 寫出一個替換的或改善的治療反應。

1a._____

1b._____

1c._____

2a._____

2b._____

2c._____

3a._____

3b. _____

3c. _____

4a. _____

4b. _____

4c. _____

5a. _____

5b. _____

5c. _____

6a. _____

6b. _____

6c. _____

7a. _____

7b. _____

7c. _____

8a. _____

8b. _____

8c. _____

遊戲治療錄影檢視二

1.簡略地描述在治療師反應之前，孩子所表達的口語內容或行為。

2.寫下治療師的反應，並將治療反應歸類。

- AA 指出非口語行為
- RC 反映內容
- RF 反映情緒
- FEE 協助建立自尊和鼓勵
- FDR 促進做決定和負責
- LS 設限

3.寫出一個替換的或改善的治療反應。

1a._____

1b._____

1c._____

2a._____

2b._____

2c._____

3a._____

3b. _____

3c. _____

4a. _____

4b. _____

4c. _____

5a. _____

5b. _____

5c. _____

6a. _____

6b. _____

6c. _____

7a. _____

7b. _____

7c. _____

8a. _____

8b. _____

8c. _____

督導會議的討論問題

督導使用的一般性問題

1.治療師認為自己在遊戲治療單元中之反應如何？
2.治療師希望自己在遊戲治療單元中改變的反應為何？
3.督導者應針對正向表現或特質，給予兩個回饋；針對可成長之領域，給予一至二個回饋。

檢視遊戲治療單元錄影時可使用的問題

1.在這個時候你可以對孩子說什麼？
2.那時你在想什麼？
3.對於孩子做的事，你有什麼想法？
4.你認為孩子試著傳達給你的訊息是什麼？
5.你認為孩子對你和遊戲治療單元的感覺如何？
6.你認為孩子是否察覺到你的感覺或想法？
7.你認為孩子是否覺得被瞭解和被傾聽？

鼓勵孩子主導

孩子從主導治療的過程中學到什麼？

非語言反應之特性

1.遊戲治療師的身體姿勢是否為放鬆的和舒服自在的？

2.是否不會坐立不安？

3.治療師看起來是否對孩子感興趣？

 治療反應之特性

1.治療反應簡短和簡明之重要性為何？

2.太少的治療反應對孩子的影響為何？

3.太多的治療反應對孩子的影響為何？

4.遊戲治療師如何使治療反應成為互動的及對話式的？

一致性

1.治療師的聲音語調與孩子的情緒是否一致？

2.治療師的臉部表情與他的反應是否一致？

3.治療師的聲音語調和表情是否與治療師的反應一致？

參考書目

Axline, V. (1947). *Play therapy: The inner dynamics of childhood.* Cambridge, MA: Houghton Mifflin.

Guerney, L. (1972). *A training manual for parents.* Mimeographed report.

Landreth, L. (2002). *Play therapy: The art of the relationship.* (2nd ed.). New York: Brunner Routledge.

Rogers, C. (1942). *Counseling and psychotherapy.* Boston: Houghton Mifflin.

國家圖書館出版品預行編目資料

建立遊戲治療關係實用手冊／Maria Giordano,
Garry Landreth, Leslie Jones著；王世芬，王孟心
譯.--二版.--臺北市：五南圖書出版股份有限
公司, 2023.03
面；　公分.
譯自：A practical handbook for building the play
therapy relationship
ISBN 978-626-343-812-5（平裝）

1.CST: 遊戲治療

178.8　　　　　　　　　　　112001322

1BYV

建立遊戲治療關係實用手冊

作　　　者 ― Maria Giordano, Garry Landreth, Leslie Jones

譯　　　者 ― 王孟心　王世芬

企劃主編 ― 王俐文

責任編輯 ― 金明芬

封面設計 ― 王麗娟

出 版 者 ― 五南圖書出版股份有限公司

發 行 人 ― 楊榮川

總 經 理 ― 楊士清

總 編 輯 ― 楊秀麗

地　　　址：106台北市大安區和平東路二段339號4樓

電　　　話：(02)2705-5066　　傳　真：(02)2706-6100

網　　　址：https://www.wunan.com.tw

電子郵件：wunan@wunan.com.tw

劃撥帳號：01068953

戶　　　名：五南圖書出版股份有限公司

法律顧問　林勝安律師

出版日期　2008年1月初版一刷（共十刷）
　　　　　2023年3月二版一刷
　　　　　2024年7月二版二刷

定　　　價　新臺幣450元

經典永恆・名著常在

五十週年的獻禮——經典名著文庫

五南，五十年了，半個世紀，人生旅程的一大半，走過來了。

思索著，邁向百年的未來歷程，能為知識界、文化學術界作些什麼？

在速食文化的生態下，有什麼值得讓人雋永品味的？

歷代經典・當今名著，經過時間的洗禮，千錘百鍊，流傳至今，光芒耀人；

不僅使我們能領悟前人的智慧，同時也增深加廣我們思考的深度與視野。

我們決心投入巨資，有計畫的系統梳選，成立「經典名著文庫」，

希望收入古今中外思想性的、充滿睿智與獨見的經典、名著。

這是一項理想性的、永續性的巨大出版工程。

不在意讀者的眾寡，只考慮它的學術價值，力求完整展現先哲思想的軌跡；

為知識界開啟一片智慧之窗，營造一座百花綻放的世界文明公園，

任君遨遊、取菁吸蜜、嘉惠學子！